会议组织与管理

◎主　编：楼红霞

外语教学与研究出版社
FOREIGN LANGUAGE TEACHING AND RESEARCH PRESS
北京 BEIJING

图书在版编目（CIP）数据

会议组织与管理 / 楼红霞主编. — 北京 ：外语教学与研究出版社，2015.3（2021.8 重印）
ISBN 978-7-5135-5790-0

Ⅰ. ①会… Ⅱ. ①楼… Ⅲ. ①会议－组织管理学－职业技能－鉴定－教材 Ⅳ. ①C931.47

中国版本图书馆 CIP 数据核字（2015）第 065631 号

出 版 人　徐建忠
项目策划　吕志敏
责任编辑　王志艳
封面设计　孙莉明
版式设计　永诚天地
出版发行　外语教学与研究出版社
社　　址　北京市西三环北路 19 号（100089）
网　　址　http://www.fltrp.com
印　　刷　北京虎彩文化传播有限公司
开　　本　787×1092　1/16
印　　张　11.5
版　　次　2016 年 1 月第 1 版　2021 年 8 月第 7 次印刷
书　　号　ISBN 978-7-5135-5790-0
定　　价　32.00 元

职业教育出版分社：
地　　址：北京市西三环北路 19 号 外研社大厦 职业教育出版分社（100089）
咨询电话：010-88819475
传　　真：010-88819475
网　　址：http://vep.fltrp.com
电子信箱：vep@fltrp.com
购书电话：010-88819928/9929/9930（邮购部）
购书传真：010-88819428（邮购部）

购书咨询：（010）88819926　电子邮箱：club@fltrp.com
外研书店：https://waiyants.tmall.com
凡印刷、装订质量问题，请联系我社印制部
联系电话：（010）61207896　电子邮箱：zhijian@fltrp.com
凡侵权、盗版书籍线索，请联系我社法律事务部
举报电话：（010）88817519　电子邮箱：banquan@fltrp.com
物料号：257900001

记载人类文明
沟通世界文化
www.fltrp.com

"十二五"职业教育国家规划教材

职业院校"双证书"课题实验教材

专家委员会

顾　问　余祖光（中国职业技术教育学会副会长）

艾一平（人力资源和社会保障部职业技能鉴定中心副主任）

蔡剑峰（北京外国语大学校长助理、外语教学与研究出版社社长）

主　任　王文槿（中国职业技术教育学会）

副主任　许　远（人力资源和社会保障部职业技能鉴定中心）

王　勇（外语教学与研究出版社）

委　员（按姓氏音序排列）

杜志忠（厦门集美职业技术学校）

龚　雯（北京电子科技职业学院）

李新华（山东职业学院）

庞继伟（山东职业学院）

祁翠琴（河北工业职业技术学院）

王胜旭（北京市房山区第二职业高中）

么居标（北京电子科技职业学院）

袁秀英（天津职业大学）

祝瑞花（山东职业学院）

秘书长　吕志敏（外语教学与研究出版社）

《会议组织与管理》
教材编写组成员

主　编　楼红霞

副主编　陈海燕　朱晓燕

参　编　楼红霞　朱晓燕　陈海燕

职业院校“双证书”课题实验教材

出版说明

实行“双证书”制度，是党中央、国务院适应社会主义市场经济要求，推动职业教育、职业培训改革的重要举措。早在 1993 年，中共中央在《关于建立社会主义市场经济体制若干问题的决定》中就提出：“要制定各种职业的资格标准和录用标准，实行学历文凭和职业资格两种证书制度”。从那时起，“双证书”制度历经了制度确立、探索试点、积极推进三个发展阶段。2014 年，《国务院关于加快发展现代职业教育的决定》（国发〔2014〕19 号）指出：“服务经济社会发展和人的全面发展，推动专业设置与产业需求对接，课程内容与职业标准对接，教学过程与生产过程对接，毕业证书与职业资格证书对接，职业教育与终身学习对接。重点提高青年就业能力”“推进人才培养模式创新……积极推进学历证书和职业资格证书‘双证书’制度”。

近年来，国家有关部门为促进就业和提高劳动者素质，对职业院校实施“双证书”制度做出了许多政策安排，“双证书”制度在广大职业院校得到有效推行，学历证书、职业资格证书成为毕业生就业的“敲门砖”和“通行证”。但是，我们也发现，职业院校学历认证和职业资格认证还没有从根本上实现贯通，存在着各行其道、“两张皮”的普遍现象，缺乏连接两者的桥梁和纽带。其中，融合“双证书”的课程与教材建设滞后是关键原因。

为了探索解决这个长期困扰中国职业教育界的难题，人力资源和社会保障部职业技能鉴定中心部级课题《职业技能教学用书开发技术规范和评价体系研究》课题组（项目编号：RS2013-16，以下简称“课题组”）在“双证书”课程资源建设开发方面做了积极研究和有益尝试。课题组认为：“双证书”课程是指实现国家职业技能标准和专业教学标准对接，职业技能鉴定与专业课程学习考核对接的课程，它是使学生在不延长学习时间的情况下，同时获得学历证书和职业资格证书的学校正规课程。加强对“双证书”课程教材开发的研究，对于探索从课程层面做到“双证结合”，引导学校用好现有职业技能鉴定政策，推动学生职业技能和就业竞争力提升，具有十分重要的意义。开发职业技能鉴定与学校课程考试“两考合一”的“双证书”教材，可以形成“双证书”政策落地的基础性教学资源，能够解决推行“双证书”制度、实施“两考合一”的“最后一公里”问题。

为了在教材层面上做到专业教学标准与国家职业技能标准的内容对接，课题组通过研究，编制了《中等职业学校“双证书”课程教材开发技术规范》，主要技术要点如下：一是以专业教学标准为依据，细化“双证书”培养目标；二是以国家职业技能标准为依据，确定“双证书”课程；三是根据双证结合的理念，编制“双证书”课程实施规范；四是结合职场工作实际，开发“双证书”综合实训课程；五是积极改革教学模式，建设“双证书”课程标准；六是根据职教特色，组织编写“双证书”教材；七是做好试题开发组织工作和考务服务，为“两考合一”做好技术保障。这一技术规范为实现教学内容与职业技能标准“双覆盖”、教学过程与岗位要求“双对照”、课程考试与技能鉴定“双结合”的职业院校教材开发目标提供了一个技术指引。

外语教学与研究出版社作为课题参与单位，自 2014 年开始，陆续开发了中等职业学校机械制造技术、机械加工技术、机电技术应用、机电设备安装与维修、焊接技术应用、汽车制造与检修、汽车运用与维修、电子与信息技术、文秘等九个专业“双证书”课题实验教材。

“双证书”课题实验教材的开发采取专业负责人制，每个专业由一名资深专家对教材建设目标、内容选择与组织进行总体把关，然后指导各册主编分头编写，最后由本专业教学专家、职业技能鉴定专家、企业专家、课程开发专家组成的编审委员会共同审定，确保教材开发符合课题组编制的《中等职业学校“双证书”课程教材开发技术规范》，对接“四新”（新知识、新技能、新产品、新工艺），做到不遗漏知识点、技能点、态度点。

职业院校“双证书”课题实验教材的开发编写遵循了教育部颁布的《中等职业学校专业教学标准（试行）》规定的课程名称、“主要教学内容和要求”，并在教材中融入了相应的五级、四级国家职业技能标准的要求，有助于学生学习掌握职业技能鉴定所要求的相关知识和必备技能，并获取相应等级的职业资格证书。“双证书”实验教材为推动职业院校实施“双证书”制度提供了必要的教学资源支持。

“双证书”课题实验教材的开发，是一个新的探索，欢迎广大中等职业学校和职业高中积极试用，并提出宝贵意见，我们将进一步改进和完善。

职业教育是使“无业者有业，有业者乐业”的伟大事业。让我们携起手来，为建设现代职业教育体系和构建终身职业培训体系尽自己一份绵薄之力。

人力资源和社会保障部职业技能鉴定中心

《职业技能教学用书开发技术规范和评价体系研究》课题组

2015 年 6 月 23 日

前 言

秘书是现代企事业单位中最常见的岗位，也是技术性、操作性较强的职业。如何培养适应市场需求的应用型技能型秘书人才，已成为中职文秘专业教学面临的重要课题。为了帮助中职文秘专业学生掌握企事业单位会议组织与管理技巧，满足企事业单位对应用型技能型人才的需求，顺利融入职场，笔者特编写了本书。

本书编写力求体现技能应用型课程的特点，以"做中学、做中教"为编写理念，以教育部2014年颁布的《中等职业学校文秘专业教学标准（试行）》为依据，以《秘书国家职业标准》（五级、四级）为指导，着力体现"以核心技能培养为专业课程改革主旨，以核心课程开发为专业教材建设主体，以教学项目设计为专业教学改革重点"的课程改革要求。

本书最大的特点是体现"双证融通"，力求达到职业资格证书与学历证书要求之间的相互融合与衔接。特征一是突出技能性，本书突出对职业技能的要求，书中的职业技能训练具有很强的针对性；特征二是突出标准性，本书以国家的教学标准、职业技能标准为依据；特征三是突出综合性，本书将中职文秘职业教育与秘书国家职业资格五级、四级的培训相结合，既满足学历教育的要求，又满足职业技能标准的要求，是专业理论与专业实践高度融合的课程。基于上述三个特征，本书在教学设计中，要求理论教学与秘书中级职业技能鉴定的"应知"相融合，实践教学与职业技能鉴定的"应会"相一致。

本书在教学内容设置、教学形式设计和体例编排上具有创新性。本书首先通过导引——"认识会议"，让学习者清晰地掌握会议基本知识，为学习者学习会前、会中、会后操作打下良好的理论基础。本书的模块设计以会议组织与管理的工作顺序进行，分为会前筹备、会中服务、会后落实三个模块。每个模块都将工作过程分解为若干个项目。每一个项目又以工作任务驱动，每个任务都设计了"任务情境"、"任务要求"、"任务实施"、"相关知识"、"巩固训练"、"职业技能鉴定指导"等板块。"任务情境"以工作任务为切入点，让学习者作为企事业单位秘书进入角色；"任务要求"使学习者明确了"做"的任务，让学习者在"做"的过程中掌握会议组织与管理的技巧，强调了秘书人员参与会议组织与管理工作的实践性；"任务实施"给学习者提供了实际操作的步骤引领；"相关知识"是对核心知识的讲述；"巩固训练”通过训练题帮助学习者巩固知识；“职业技能鉴定指导”明确了秘书五级、四级考证的知识和技能要点，通过多种题型的练习进一步帮助学习者巩固所学，真正实现职业资格考试培训与学历教育的融合与衔接。每个项目完成后的“项目评价”给教学提供有效的评价支撑。

本书可作为中职文秘专业及相关专业的教学用书，帮助学生了解企事业单位会议组织与管理的实务工作，提升会议组织与管理的技能，也可作为办公室文员及秘书人员培训用书，还可作为秘书职业资格证书考试的参考用书及相关从业人员的自学用书。

本书由余姚市职成教中心学校楼红霞老师担任主编，余姚市职成教中心学校陈海燕老师和朱晓燕老师担任副主编。具体编写分工如下：导引、模块一、模块二由楼红霞老师编写；模块三中的项目十一由朱晓燕老师编写，模块三中的项目十二由陈海燕老师编写。

由于编写时间仓促，编者水平有限，书中难免有疏漏和不足之处，敬请读者批评指正，以求不断改进和完善。

编　者

2014 年 10 月

附：

学时建议表

<table>
<tr><th>模块</th><th>项目</th><th>学时</th><th>合计学时</th></tr>
<tr><td>导引</td><td>认识会议</td><td>2</td><td>2</td></tr>
<tr><td rowspan="7">模块一　会前筹备</td><td>项目一　确定会议时间、地点及与会人员</td><td>6</td><td rowspan="7">42</td></tr>
<tr><td>项目二　拟定会议议程和日程</td><td>5</td></tr>
<tr><td>项目三　信息发布</td><td>6</td></tr>
<tr><td>项目四　准备会议资料和物品</td><td>5</td></tr>
<tr><td>项目五　布置会场</td><td>8</td></tr>
<tr><td>项目六　安排食宿、车辆和礼仪服务</td><td>8</td></tr>
<tr><td>项目七　会前检查</td><td>4</td></tr>
<tr><td rowspan="3">模块二　会中服务</td><td>项目八　会议接待</td><td>7</td><td rowspan="3">20</td></tr>
<tr><td>项目九　信息管理</td><td>8</td></tr>
<tr><td>项目十　后勤服务</td><td>5</td></tr>
<tr><td rowspan="2">模块三　会后落实</td><td>项目十一　返程工作与整理会场</td><td>4</td><td rowspan="2">8</td></tr>
<tr><td>项目十二　收集、整理、清退会议文件资料</td><td>4</td></tr>
<tr><td colspan="3">合计</td><td>72</td></tr>
</table>

目　录

导 引
认识会议

一、会议的含义

会议是指人们有组织地会晤、议事的行为或过程。会议至少要有三人参与议事，以一定的方式聚在一起，围绕某个确定的问题展开谈论，以求解决方法。

二、会议的目的

1. 提供信息

大部分会议最重要的目的就是要将有用的信息提供给与会人员，也就是要把现有的最新数据和资料呈报给与会人员。

2. 收集信息

来参加会议的人在会议上就自己的某一阶段的工作进行汇报，与会的其他人可以完整地收集某一工作阶段的相关信息。

3. 解决问题

会议不一定能够完全解决某一问题，但是召集会议的人或单位都希望通过会议达成决议。会议解决问题时常会采用“3:3:3”法则，即会前解决 1/3 的问题，会中解决 1/3，会后再解决 1/3。

4. 推销观念

推销观念是以销售为中心的企业经营指导思想，一些企业对外开会的主要目的是宣传自己的观念。

5. 决定事项

开会的根本目的是要借着会议决议来解决问题。会议就这些问题既可以通过与会人员的充分沟通达成共识，也可以通过表决的方式决定会议的讨论结果。

6. 进行培训

利用会议培训员工是会议的一项重要功能，也是企业经常进行的事项之一。利用周例会或月例会培训员工，可以使员工通过互动讨论增进了解。

7. 进度报告

许多例行性会议的目的并不是讨论或解决问题，而是将一段时间内的工作情况通报给其他人知道，这就是进度报告，其目的是利用横向之间的沟通谋求共识。

三、会议的构成要素

会议的构成要素包括会议名称、会议目的、会议时间、会议地点等基本要素，以及服务机构、秘书机构等选择要素，如下表所示。

类别	要素名称	要素含义
基本要素	会议名称	会议的标题
	会议目的	会议要解决的问题
	会议时间	开会的起止时间
	会议地点	开会的场所
	会议组织者	召集开会的单位或人
	会议主持者	负责执行会议程序的人
	与会人员	参加会议的人
	会议主题	会议的主要内容和实质问题的高度概括
	会议议题	围绕会议主题而设立的待讨论的问题
	会议日程	对会议活动的逐步安排
选择要素	服务机构	会议的后勤保障管理机构
	秘书机构	协助或为会议处理文书工作的机构
	会议经费	会议所需要的开支
	会议文件	会议交流使用的文件材料
	会议专用设备	会议所需要的话筒、投影仪等设备
	会议必需品	会议所需要的文具、生活用品、装饰用品、特需用品等

四、会议的类型

根据不同的标准，会议可以被划分为不同的类型。下面主要介绍几种常见的分类方法。

（1）按规模分，可分为小型会议（数人至数十人）、中型会议（百人以上）、大型会议（千人以上）及特大型会议（万人以上）。

（2）按会期分，可分为定期会议、不定期会议。

（3）按功能分，可分为决策性会议、法定性会议、执行性会议、告知性会议、学术性会议。

（4）按所跨的地域范围分，可分为国际性会议、全国性会议、地区性会议、部门性会议。

（5）按召开的方式分，可分为常规会议、电话会议、电视会议、网络会议。

（6）按议题分，可分为综合性会议、专题性会议、专业性会议。

（7）按出席的对象分，可分为联席会议、内部会议、代表会议、群众会议等。

上述会议类型是根据一定的标准从不同角度划分的，在实际运用中，各种会议类型常常相互交叉。由于会议技术手段的不断更新，会议的类型将会越来越多样。

五、会议的作用

1．会议的积极作用

（1）交流信息，互通情报。会议是集思广益的重要场所，是资讯的交换站。通过会议的讲话、报告、发言、讨论、文字材料，以及与其他与会者会下的多向沟通，与会者可以交流工作情况，相互沟通信息，较快地了解全局，克服认识上的主观局限性。较之其他沟通形式，会议沟通具有直接、快速的优势。

（2）发扬民主，科学决策。通过会议，可以广开言路、集思广益。管理者可获取信息，了解情况，避免疏漏，找到方法和对策。很多科学决策都来自会议。

（3）传达指示，部署工作。通过召开会议传达上级指示，部署本组织的中心工作和重大行动，可以使各部门充分领会上级精神和意图，避免盲目性和片面性，有助于推动工作。

（4）统一认识，协调行动。如果各部门对全局情况不了解，又缺乏必要的交流和沟通，就很容易导致行动不一致，影响工作落实。召开会议，可以把问题“摆到桌面上”，使大家充分沟通，寻找到大家普遍接受的行动方案，并形成决议；可以防止各行其是，减少矛盾。

2．会议的消极作用

（1）浪费时间、精力。日本效率协会统计发现，全日本科长以上管理人员的工作时间的 40% 是在开会。中央曾出台“八项规定”要求精简会议活动，文山会海只会影响工作的落实。

（2）浪费金钱。开会就要用钱，会议费用有些是合理而必需的，有些则是可花可不花的，有些则纯属铺张浪费。

（3）重复信息。有些会只是层层传达、复述上级意见，或者为开会而开会，走过场、搞形式，其结果是制造重复信息。

模块一 Module 1 会前筹备

模块概述

会前筹备工作主要包含拟定会议议题、确定会议名称、选择会址、拟定会议议程和日程、确定与会人员名单、制发会议通知、安排会议食宿、准备会议资料和用具、布置会场、检查会议设备等多项工作，做好会前筹备工作既是开好会议的基础，又是每一名秘书必须掌握的基本技能之一。

本模块以完成工作任务的方式，帮助学习者学习秘书在会前筹备工作中应该具备的基本知识，掌握会前筹备工作的基本技能。

项目一 确定会议时间、地点及与会人员

Project 1

项目概述

安善安排会议时间和地点，合理确定与会人员是会前筹备工作的基本内容，是秘书会前筹备工作必须掌握的基本技能之一。

本项目包括确定会议时间、地点、与会人员三个工作任务。通过学习，我们将学会确定会议时间、地点及与会人员的技能并掌握相关知识。

学习目标

技能目标

1. 能确定会议时间
2. 能安排会议地点
3. 能确定与会人员

知识目标

1. 掌握确定会议时间的要领
2. 掌握选择会议地点的要求
3. 掌握确定与会人员的方法

任务一 确定会议时间

Task 1

任务情境

大宇公司是一家中外合资企业，公司资产雄厚，有近 2 000 名员工。该公司主要生产家电产品，在全国各大中城市设有众多分公司和销售代理商。最近几年，公司推出的一系列新品，占领了国内 10% 以上的家电市场，并拓展了海外市场。2013 年，公司加大管理和研发力度，在冰箱、空调、电视机等领域研制生产出系列新型、新款产品，这使公司在国内市场所占份额上升到 15%。2013 年底，公司计划召开年度全国销售表彰大会，以表彰先进，并规划 2014 年工作。2013 年 11 月底，公司办公室主任王浩告诉助理赵亮，总经理陈伟 12 月 13 日—15 日三天外出开会，销售经理李强 12 月 19 日从外地开会回来；会议可以安排 2 ~ 3 天时间，在 12 月中下旬召开。王浩吩咐赵亮根据这些情况拟定会议时间并提请公司总经理陈伟审核。

任务要求

1. 确定大宇公司 2013 年度全国销售表彰大会时间
2. 掌握确定会议时间的要领

任务实施

根据任务情境，按照下列步骤实施任务，并填写表格。

第一步	拟定会议召开时间段	理由
第二步	拟定会期	理由
第三步	提请领导审批	确定会议时间

相关知识

一、会议时间的含义

会议时间包含三种含义：一是指会议召开的时间；二是指会议全程所需要的具体天数之和，即会期；三是指每段会议所需要的时间长短。

二、确定会议时间的要领

确定会议时间要力求紧凑科学，避免耗时耗财。其要领如下：

（1）选择与会人员中关键人物的最佳时间开会，以保证这些关键人物能集中精力开好会议。

（2）有外部人员参加的会议，要考虑邀请的关键人物是否能到会。

（3）避免会议召开时间与组织的重要活动安排冲突，以免打扰到组织活动的正常运行。

（4）把握开会的时机。对于时效性较强的会议，要尽早安排；需要深思熟虑的会议，可以推后召开。

（5）安排会议时间要考虑人们的生物钟。一般情况下，上午 9：00—11：30、下午 2：00—4：30 的效率比较高。

（6）除紧急会议外，主要领导人出差、旅行期间或返回的当天最好不要召开与之相关的会议。

三、操作流程

（1）了解会议关键人物和与会人员方便的时间段，拟定会议时间。

（2）了解会议内容，确定会议全程需要的时长。

（3）提请领导审批。

巩固训练

浙江省 ×× 市职成教中心学校为进一步提升学校专业课程体系建设水平，提高教学质量，建立特色的课程模式，与华东师范大学徐教授带领的专家团队于 2013 年 8 月 20 日签订了《课程改革协议书》。徐教授的专家团队准备对该校的电子技术应用、汽车运用与维修等专业进行工作任务与职业能力分析。学校办公室陈主任让助理小陆确定会议的时间。假如你是助理小陆，请你确定召开专业工作任务与职业能力分析会的时间。

职业技能鉴定指导

一、知识技能要点

1. 知识要点：无

2. 技能要点：无

二、模拟训练

（一）单项选择题

1. 安排会议时间要考虑人们的生物钟。一般上午（　）、下午 2：00—4：30 的效率比较高。

A. 9：00—11：30　B. 8：30—11：30　C. 9：00—11：00　D. 8：00—11：30

2. 除（　）外，如果主要领导人出差、旅行期间或返回的当天最好不要召开与之相关的会议。

A. 紧急会议　B. 重要会议　C. 工作例会　D. 联席会议

3. 确定会议时间的操作流程是（　）。

① 拟定会议时间　② 确定会期　③ 提请领导审批

A. ①②③　B. ③①②　C. ①③②　D. ③②①

（二）多项选择题

1. 主要领导人（　）最好不要召开与之相关的会议。

A. 出差　B. 出差前一天　C. 返回的当天

D. 旅行当天　E. 出差回来第二天

2. 确定会议时间的要领有（　）。

A. 时效性较强的会议，要尽早安排开会

B. 注意会议召开的时间

C. 避免会议召开时间与组织的重要活动安排冲突

D. 需要深思熟虑的会议，可以推后召开

E. 选择与会人员中关键人物的最佳时间开会

3. 会议时间是指（　）。

A. 会议发言者的时间

B. 每段会议所需要的时间长短

C. 会议召开的时间

D. 从发会议通知到会议结束的时间

E. 会议全程所需要的具体天数之和

（三）判断题

1. 有外部人员参加的会议，要考虑邀请的关键人物是否能到会。（　）

2. 选择与会人员中关键人物的最佳时间开会，以保证这些关键人物能集中精力开好会议。（　）

3. 避免会议召开时间与组织的重要活动安排冲突，避免打扰到组织活动的正常运行。（　）

4. 对于时效性较强的会议，可以推后召开；需要深思熟虑的会议，要尽早安排。(　　)

5. 安排会议时间不需要考虑人们的生物钟。(　　)

三、技能实训题

1. 2014学年，××市教育局打算在8月16日—22日召开全市教育工作行政会议。会议有四项议程：一是邀请××市市委书记做报告；二是教育局局长做2013学年工作总结及布置2014学年工作；三是邀请山东省××职业学校校长做报告；四是举办××名校长论坛。××市教育局办公室唐主任让助理谢云根据实际情况确定会议时间，然后发通知给各与会人员。假如你是助理谢云，你将根据哪些要点确定会议的时间？

2. ××职业学校全日制在校生4 000余人，其中70%是住宿学生。学校定于2014年11月6日—7日进行期中考试；然后召开高一学生家长会，一方面让家长了解子女在学校的各方面表现，另一方面向家长宣传浙江省2014年高考改革新方案。负责教学的张副校长让教务处李主任根据学校实际情况确定召开家长会的时间。假如你是李主任，请你说出召开高一学生家长会的具体时间，并说明理由。

任务二 确定会议地点

Task 2

任务情境

大宇公司2013年度全国销售表彰大会将于2013年12月25日—27日召开，参加会议人数预计有250人。办公室主任王浩把落实会议地点的任务交给了助理赵亮。

任务要求

1. 选择确定会议召开的所在地
2. 选择确定会议召开的场所
3. 确定会议召开的会场

任务实施

根据任务情境，按照下列步骤实施任务，并填写表格。

第一步	选择会议召开所在地	理由
第二步	选择会议召开的场所和会场	理由
第三步	考察会议场所和会场	考察的内容
第四步	现场检查、确定会议地点	检查项目
第五步	签订合同	合同内容
第六步	预付定金	注意事项

相关知识

一、会议地点的确定

会议地点的确定包括三方面：一是选择会议召开的所在地；二是选择举办会议的场所；三是选择会场。

1．选择会议召开所在地

对于跨地区、规模大的会议，拟订会议方案时，要根据会议的目的及需要的会议条件选择会议召开所在地。选择会议召开所在地时一般要考虑以下几个方面的因素。

（1）专业因素。专业性会议，应选择在富有专业特征的城乡地区召开，如大豆种植研讨会适宜在东北地区开，煤炭会议适宜在山西开，这样能够充分发挥会议地址在该专业方面的优势，便于安排考察。

（2）交通因素。要考虑大多数与会人员到会是否便利，要尽量选择交通枢纽或大中型城市。

（3）地理因素。地理方面要考虑城市对与会人员的吸引力。一个风光秀美或富有地域特色的城市，有助于吸引人们参加持续几天的会议。

（4）气候因素。气候方面要重点考虑会议期间的气候。会议地点的地理位置通常决定着那里的气候，北方的冬天天气寒冷，而南方的夏天则过于炎热。

（5）政治、经济、文化等因素。国际性或全国性的会议，要考虑政治、经济、文化等因素，一般应在首都北京或其他中心城市（如上海、武汉、广州、西安等）召开。

2．选择举办会议的场所

在选择了会议所在地以后，就必须根据会议的主题、参会人数及会议费用等因素，选择合适的会议场所。选择会议场所时应考虑以下几个方面的因素。

（1）交通便利。会场位置必须选择在让领导和与会人员方便前往的地方。一般应选择在距领导和与会人员的工作地点均较近的地方，有方便的交通工具到达。

（2）周围安静。会议场所的周围尽量不要有太大的噪音，尽量避开闹市区。

（3）有足够的停车场所和安全设施。举办大型会议，应该考虑到一部分与会人员会自行驾车前往参会，这些车辆加上参与接待的公司车辆应有地方停放，所以选择会议场所要考虑到该会议场所是否有与会议规模相符合的停车场。此外，还必须考虑会议场所有无消防、防盗等安全设施。

（4）会议场所周围有必要的餐饮和娱乐设施。尤其是大型会议，会场周围最好有能够容纳与会人员的餐饮、娱乐设施。大中型会议开会的会议室、与会人员的住宿房间及用餐的餐厅，应尽量统一在一个会议场所内，这样便于布置相关的工作并提供良好的会务服务。

（5）会议场所有良好的服务能力。选择会议场所时还必须考虑会议场所的服务内容和服务水平。因为在现代的会议中，会议的组织者和与会人员对于会议服务内容的要求更为多元和广泛，因此会议场所的服务水平高低也是选择会议场所的重要因素。

（6）会议目标、会议类型等因素。展示性的会议，有确定的展示主体的，如校庆、厂庆活动，最好选择在本单位举行；若受条件限制，也可选择在当地的公共场所举办。无确定的展示主体的，可根据会议所需条件进行选择。

3. 选择会场

选定了会议召开的所在地和会议场所后，最终应根据会议的规模确定开会的会场。无论采用单位内部的会场还是单位外部的会场，在选择会场时还需要考虑以下几个方面的因素。

（1）会场的大小应与会议规模相符。小型会议室一般以 30 平方米为宜，中型会议室则以 60 平方米为宜。小型会议室的净高不宜太高，一般 2.4 ~ 2.6 米为宜；大型会议室则要求空间开阔，一般净高不低于 4 米。一般来说，每人平均有 2 ~ 3 平方米的活动空间比较适宜。

（2）会场要有良好的设备配置。桌椅、通风设备、照明设备、空调设备、音响设备要尽量齐全。

（3）会场应不受外界干扰。会场周围不应有各种噪音，不应有较大的人员流动或人员来访和参观等。会场内部也应具有良好的隔音设备，以保证会议能在安静的环境中顺利进行。

（4）会场应有良好的会议空间。对于会议空间来说，应该有很好的光线，最好有充分的阳光，尤其在冬季，向阳面最佳。房间内应没有使人分心的东西，要有足够的座位容纳所有的人，温度要令人舒适。会议室的空间密度一般不能太小，一般要求是：有桌会议室不小于 1.8 平方米 / 人，无桌会议室不小于 0.8 平方米 / 人；与会人员之间的距离也应该控制在 0.6 米。大于 0.6 米，与会人员之间相互交流的效果将受到影响；小于 0.6 米，容易为与会人员提供“开小会”的便利条件。

二、预订会场的程序

1. 预定内部会议室的程序

（1）确定会议召开的时间、人数和所需会议室的类型。

（2）申请使用会议室，至少提前两天填写预约表，表中列项包括使用部门、参会人数、联系人等信息。

（3）会前确认已预留会议室，进一步明确使用时间。这一点是秘书在预定内部会议室时经常疏忽的环节。

（4）提前调试会议所需设备，检查会场。

（5）提前到达会场安排签到，分发会议资料和物品。

2. 预订外部会场的程序

（1）根据会议类型、规模和与会人员的期望，提出会议地点方案。每一种会议都有特定目的，在考虑场地前要先了解清楚。应根据会议的类型、规模和需要，选择具体的举办地；也可以根据会议的具体情况，确定是否需要设立几个分会场，并选择分会场的地点。应提前了解与会人员希望在什么地方召开会议。

（2）收集可供租借的会议地点信息，考察会议地点，预订会议场所。为了选择合适的会议地点，应广泛收集会议地点的信息，可以使用网络搜索收集会议地点信息，对其中几家适合的会议地点进行实地考察，与会议场所负责人谈判，最终选定一家会议场所进行预订。在预订会场时，要告知对方开会的起止时间、参加会议的人数、对食宿和会场的要求、对会议所需设备和服务的要求、会议活动的安排等。

（3）现场检查、确认会议地点。确定会议地点后，会议负责人要亲自到会议场所进行现场检查。检查的项目包括会场周围的环境，会议场地的各项功能，会议的膳食供应、服务情况和后勤保障情况，停车设施、服务项目和收费标准等。可随意抽查一个单人房间、一个双人房间和一个套房的情况。

（4）签订书面合同。会议场所确定后，应及时与对方签订书面合同。合同的内容包括会议场所使用的起止时间、需要提供的设备和后勤保障、提供免费服务的项目、提供的客房数量和标准、开具发票的手续和付款方式等具体细节。

（5）预付定金。会议期间发生的费用支出大都采用根据合同预先交付定金，会议结束后再结清余款的办法。双方要按合同规定履行条款。

（6）会后结清费用。会议结束后，结清所有费用，开具发票。

巩固训练

华东师范大学徐教授带领的专家团队于2013年9月6—7日对浙江省××市职成教中心学校的电子技术应用、外贸英语、汽车运用与维修、财务会计4个重点专业进行工作任务与职业能力分析。徐教授告诉学校办公室陈主任：每个专业需要准备1间会议室，会议室能容纳12位专家、3位指导教师及本专业组的专业课教师。办公室陈主任让助理小陆落实4个重点专业进行工作任务与职业能力分析的会场。假如你是小陆，接到任务后，你将怎样安排4个重点专业的会场？

职业技能鉴定指导

一、知识技能要点

1. 知识要点：无
2. 技能要点：能够预订会议室

二、模拟训练

（一）单项选择题

1. 秘书在预定内部会议室时经常疏忽的环节是（　　）。

A. 确认已预留会议室，并明确使用时间　　B. 申请使用会议室

C. 确认所需会议室的类型　　D. 预先调试会议室的设备

2. 一般来说，会场空间应保证人均在（ ）。

A．2～3平方米 B．0.5～1平方米 C．1～2平方米 D．0.5平方米以下

3. 会议室预约表列项中不包括的内容是（ ）。

A．使用部门 B．与会人员姓名 C．参会人数 D．联系人

（二）多项选择题

1. 选择会场需要考虑的因素有（ ）。

A．会场的空间密度 B．交通便利性

C．会场的设备 D．会场其他配套设施

E．会场的大小

2. 选择会议场所应考虑（ ）。

A．有良好的服务能力 B．周围安静

C．会场的设备 D．交通条件要便利

E．要与会议的内容、规模、规格相协调

3. 会场的设备配置主要包括桌椅、（ ）等，还要备有电子白板、演示板等需要租用的特殊设备。

A．照明设备 B．通风设备 C．音响设备

D．投影仪 E．空调设备

（三）判断题

1. 会议期间的费用支出大都采用根据合同预先交付定金，会议结束后再结清余款的办法，应按合同规定履行条款。（ ）

2. 申请使用内部会议室，至少提前三天填写预约表。（ ）

3. 小型会议室的净高不宜太高，一般2.4～2.6米为宜。（ ）

4. 大型会议室则要求空间开阔，一般净高不低于3米。（ ）

5. 在无桌会议室中，与会人员之间的距离大于0.6米，与会人员之间相互交流的效果将受到影响；小于0.6米，容易为与会人员提供“开小会”的便利条件。（ ）

三、技能实训题

1. 海曼公司的新产品发布会即将开始，海曼公司附近有太平洋大酒店（五星级）、滨海宾馆（五星级）、花园宾馆（三星级）、假日酒店、阳光公寓等。请你根据会议规模、规格等因素，选择适合本次会议的地点并模拟预订。

2. ××市帅康有限公司以生产油烟机著名，再过一个月，就是企业成立30周年。为此，公司决定举办一系列纪念活动，一方面回顾总结企业30年走过的历程，继承和发扬当年创业的优良传统和精神；另一方面是研究下一步企业发展战略，寻求新的发展机遇。系列纪念活动包括4次会议，即庆典大会、报告会、企业发展战略研讨会和劳动模范座谈会。请你安排庆典大会和劳动模范座谈会的地点。

资料一：庆典大会。邀请市领导、行业协会领导、新闻记者、有关专家、客户代表、退休老职工及企业员工代表约500人出席。

资料二：劳动模范座谈会。拟邀请企业内部各级劳模11人，与企业4位党政领导及工会主席进行座谈，回顾创业历史，听取劳模对企业发展的意见和建议。

任务三 确定与会人员 Task 3

任务情境

大宇公司将举办主题为“表彰销售先进个人和集体、布置2014年工作”的2013年度全国销售表彰大会。办公室王浩主任要求助理赵亮草拟一份会议嘉宾的名单，确定与会人员的范围，并最终确定与会人员名单。

任务要求

1. 确定与会人员的范围
2. 确定与会人员
3. 确定并邀请与会嘉宾

任务实施

根据任务情境，按照下列步骤实施任务，并填写表格。

第一步	拟定与会人员的类型和范围	理由
第二步	拟定与会人员名单和嘉宾	理由
第三步	提请领导确定名单	最终的与会人员和嘉宾名单

相关知识

一、与会人员的类别

与会人员一般由会议主办方根据会议的内容、主题和所要达到的目的来确定，主要包括主持人、正式代表、列席代表、会议嘉宾和工作人员。

与会人员类别	在会议中的作用	担任者
主持人	主持会议和引导会议过程，保障会议顺利召开	通常由有经验、有能力、懂专业或者是有相当地位、有威望的人担任
正式代表	在会议上发言、讨论会议内容、行使表决权，正式代表是会议活动的主要成员	正式邀请或组织要求参加会议的人员
列席代表	不具有正式资格，能对会议内容提出建议和意见，虽无表决权、但有保守会议机密的义务	能帮助与会人员及时了解情况、沟通信息的人员，由会议组织者根据会议内容的实际需要确定
会议嘉宾	提高会议的规格、权威性	组织外部的行业或专业的资深人士、上级领导等
工作人员	承担会议筹备工作、会议记录工作、会议期间的事务性工作和会后工作，保障会议顺利召开	会议记录人，来自组织内部或者专业会议机构的会议管理人员，布置会场、设备支持、为会议生活服务的有关人员

二、邀请会议嘉宾

1. 会议嘉宾的类型

（1）组织方的上级领导和政府官员。他们的出席能体现组织方的上级对会议的重视和会议的规格。

（2）企业的重要客户、相关利益方。他们代表与企业生存和发展密切相关的方方面面，涉及销售商、供应商、银行、媒体等。

（3）社会名流和影视明星。他们的到场有助于制造新闻事件，吸引公众和媒体的关注。

（4）对实现会议目标有潜在贡献的人。他们对会议目标的有效实现常具有不可替代的作用，包括员工代表、社区代表、专家、顾问等。

2. 会议嘉宾的邀请程序

（1）开会研究，确定邀请嘉宾名单。由相关的工作组负责实施邀请嘉宾的具体工作。

（2）拟写并发送请柬。从打印请柬开始，到盖章、折叠、套封皮、系丝线、装信封，每一道工序都要一丝不苟地完成。

（3）与嘉宾逐一联络，确认其参会情况。

（4）在会议正式开始之前，要再次与嘉宾联系，并确认如何接送。

3. 会议嘉宾安全保卫工作的内容

会议嘉宾安全保卫工作的内容包括嘉宾的人身安全保卫、嘉宾私人贵重物品的安全保卫、嘉宾携带的重要文件的保卫、会场和驻地的安全保卫、会议各种设施用品的安全保卫、使用车辆的安全保卫等。

4. 会议嘉宾安全保卫的流程

会议的主办方和承办方必须关注会议的安全，应确保嘉宾及其相关人员的人身及财物安全。

（1）会议嘉宾到达的阶段。应注意会议前期的准备和检查是否已到位，无关人员是否已撤离现场，嘉宾进入会场的通道是否安全畅通等。

（2）会议的进行阶段。应防止会场出现火灾等突发事件，加强会议设备的安全检查。保安人员须对可能进入会场的身份不明的人员保持高度警惕。

（3）休会或闭会阶段。在休会和闭会阶段，也会有涉及人员、物品和文件的各种不安全因素出现，应注意防范。

（4）嘉宾离会阶段。如大中型会议嘉宾离会阶段，要让一般与会人员在座位上稍候，待嘉宾离场后再散场。要保证嘉宾离开会场的通道是安全畅通的。

5. 接待会议嘉宾的相关工作

（1）接站工作。根据嘉宾事先反馈的信息，安排人员和车辆到汽车站、火车站等地方接站。对于会议请来的贵宾，一般应该用小轿车迎接。接站人员应提前 20 分钟到达接站地点。

（2）会场迎接工作。嘉宾到达会场时，主办方的领导应到停车处迎接，并派专门的陪同人员将其引领至贵宾室休息。

（3）具体接待工作。在会议的整个过程中，要有专门的人员负责嘉宾的食宿服务，在餐饮方面要注意为嘉宾安排特定的座位，在住宿方面要尽量给嘉宾提供特殊的待遇。

三、确定与会人员的原则

确定与会人员的工作应该一切从有利于工作的角度出发，严格控制与会人员范围。通常，确定与会人员的原则是：

1. 选择对实现会议目标有潜在贡献的人

会议既然是以目标的实现为导向，因此在决定与会人员人选时应优先考虑邀请对实现会议目标有潜在贡献的人参与。例如，庆典、纪念会等隆重会议邀请相关的上级领导出席，可显示会议的重要性。

2. 选择因参与会议能够获得益处的人

要考虑选择通过会议获得各方面益处的相关人员。当然，在会议议题设置上也应该考虑不同与会人员对会议带来益处的预期。

3. 与会人数不宜过多

因为与会人员多，会议的成本增加；与会人员越多，会议的效率可能越低，会议控制越难；与会人员增加，沟通将趋于困难。所以，与会人数不宜过多。

四、确定与会人员的程序

（1）根据会议需要，初步拟定邀请与会人员的类型和范围。

（2）根据与会人员的作用，确认与会人员人选。

（3）拟定邀请名单，提请领导审定。

巩固训练

浙江省 ×× 市职成教中心学校决定 9 月 6 日—7 日对电子技术应用、外贸英语、汽车运用与维修、财务会计 4 个重点专业进行工作任务与职业能力分析。此项工作需要邀请一些企业专家，具体要求为：每一个专业邀请的 12 位专家应来自企业一线，并且是企业中的技术骨干；他们能对自己从事的专业有一定的思考，并能阐述自己的想法。学校办公室陈主任把邀请企业专家的任务交给了 4 个重点专业的负责人。如果你是 4 个重点专业中其中一个专业的负责人，你将邀请哪些企业代表来参加本专业的工作任务与职业能力分析？

职业技能鉴定指导

一、知识技能要点

1. 知识要点：邀请会议嘉宾的要求
2. 技能要点：能够确认最终与会人员
   能够邀请会议嘉宾

二、模拟训练

（一）单项选择题

1. 会议列席代表的权利与义务包括（　　）。

A. 保守会议机密的义务　　B. 提案权
C. 表决权　　D. 选举权

2.（　）是为了保障会议顺利召开而设置的人员。

A．会议主持人　B．正式代表　C．会议工作人员　D．列席代表

3.（　）一般由会议主办方根据会议的内容、主题和所要达到的目的来确定。

A．会议主持人　　B．与会人员
C．工作人员　　D．列席代表

（二）多项选择题

1. 与会人员一般包括（　　）。

A．工作人员　B．主持人　C．会议嘉宾　D．列席代表
E．正式代表

2. 嘉宾的类型有（　　）。

A．组织方的上级领导和政府官员　　B．企业的重要客户
C．相关利益方　　D．社会名流
E．影视明星

3. 会议嘉宾的安全保卫工作涉及的时段包括（　　）。

A．嘉宾离会阶段　B．会议的进行阶段　C．休会或闭会阶段　D．会议嘉宾到达的时段

（三）判断题

1. 会议应邀请对实现会议目标有潜在贡献的人参与。（　）

2. 与会人员人数不宜过多。( )

3. 在会议正式开始之前,不用再次与嘉宾联系。( )

4. 员工代表、社区代表、专家、顾问等与会人员属于对实现会议目标有潜在贡献的人。( )

5. 销售商、供应商、银行、媒体等方面的与会人员属于对实现会议目标有潜在贡献的人。( )

三、技能实训题

1. 宏宇公司准备召开全国性的客户联谊会和新产品订货会。为了扩大会议的影响，提高公司的知名度，请你根据会议的主题确定与会人员。

2. 红光公司将举行20周年厂庆活动，届时将邀请领导和嘉宾到场，秘书张婷负责嘉宾的邀请。她用电话通知嘉宾，但有的嘉宾电话没有接通，之后她也忘记了这件事，会前没有和嘉宾再次确认。另外，张婷向重要嘉宾发出了请柬，但请柬没有盖章。开会那一天，来的嘉宾很少。请你分析原因。

项目评价

项目实施评价表

评价项目	评价任务	评价关键点	满分	自评分	互评分	教师评分
确定会议时间、地点及与会人员	确定会议时间	能确定会议时间	15			
		能确定会期	10			
	确定会议地点	能选择会议场所及会场	15			
		能预订会议场所及会场	15			
	确定与会人员	能确定与会人员	10			
		能邀请会议嘉宾	15			
学习态度		学习态度端正、上课积极发言、能积极实践技能	5			
职业素养		能礼貌、规范地邀请客人	5			
		具有合理管理时间的能力	5			
		服务细心周到，有安全意识	5			
总　分			100			
总　评						

注：总分65分为合格，75分为良好，85分及以上为优秀。

项目二
拟定会议议程和日程

项目概述

拟定会议议程和日程既是会议筹备工作中的一项重要工作，能保证整个会议议题性活动顺序开展并能落实到具体的单位时间，为会议达到预期目的和取得成功做好必要的准备。规模较大、内容较多、会期较长的会议需要拟定会议议程和日程。

本项目包括拟定会议议程和日程两个工作任务。通过学习，我们将学会拟定会议议程和日程的技能并掌握相关知识。

学习目标

技能目标

1. 能正确拟定会议议程
2. 能正确拟定会议日程

知识目标

1. 掌握会议议程的编制要领
2. 掌握会议日程的编制要领
3. 理解会议议程和日程的异同

任务一 拟定会议议程

Task 1

任务情境

围绕“表彰销售先进个人和先进集体、布置2014年工作”这一主题，大宇公司2013年度全国销售表彰大会的各项会务筹备工作稳步推进。按照职责分工，办公室主任王浩让助理赵亮拟定会议议程。

任务要求

1. 根据会议主题拟定会议议程
2. 掌握会议议程编制要求

任务实施

根据任务情境，按照下列步骤实施任务，并填写表格。

第一步	请列出会议议题	理由
第二步	确定会议议题的先后顺序	理由
第三步	拟定会议议程	评价标准

相关知识

一、会议议程的含义

会议议程是根据已确定的议题列出的发言或讨论的先后顺序。会议议程应当简明概括，并加上序号将其清晰地表达出来。

大中型会议议程一般安排为：开幕式，上级领导和来宾致辞；领导做报告；分组讨论；大会发言；参观或其他活动；会议总结，宣读决议；闭幕式。

二、会议议程的结构与写法

会议议程的结构包括标题、题注、正文、落款四部分。

1. 标题

标题由会议全称加上“议程”二字组成，如“××集团公司商品交易洽谈会议程”。

2. 题注

法定性会议议程应当在标题下方说明该议程通过的日期、会议名称，如“××××年×月×日第×届全国人民代表大会第×次会议预备会议通过”。一般企业或者单位会议议程可以没有题注。

3. 正文

正文简要概括地说明会议每项议题和活动的顺序，并标上序号将其清晰地表达出来，每项议题句末一般不用标点。

4. 落款

由会议组织机构确定的会议议程应当标明制定部门的名称，如“秘书处”。由会议讨论通过的议程不写组织机构名称，无需会议讨论通过的议程要标明制定的具体日期。

会议议程例文：

××市交通职业技术学校校企合作座谈会议程

××市交通职业技术学校校企合作座谈会将于2014年4月8日（星期二）上午9：00在学校行政楼三楼会议室举行。

一、主持人宣布会议议程
二、××市交通职业技术学校×××校长致欢迎词
三、××市交通职业技术学校×××副校长做汽车专业校企合作工作汇报
四、交流发言
议题一：学校汽车专业人才的订单式培养
议题二：校企共创实训基地
议题三：校企资源共享
议题四：学生顶岗实习
五、会议结束，合影

××市交通职业技术学校党政办公室
2014年3月10日

三、会议议程的编制方法

（1）按照轻重缓急编排议题的先后次序。重要的议题必须放在整个议程的前面，保密性强的议题一般放在后面。

（2）尽量将同类性质的议题集中排列在一起，以便于讨论，也便于相关人员到会和退席。

（3）注意议题所涉及的各种事项的习惯性排列顺序和本公司章程有无对会议议程顺序的明确规定。

（4）合理分配各项议题或事项的时间，为重要的事项留出足够的时间。必要时标出各

议题的时间分配，以便与会人员和会议主持人控制时间。

（5）每次会议议题不必太杂，内容不必太多，以提高会议的效率。会议时间超过两小时或者涉及的内容较多，可以安排中间休息时间或安排一系列的短时间会议。

（6）编制议程的目的在于提醒与会人员注意，因此，议程应提前 3 ~ 7 天发给与会人员，以便与会人员早做准备。

四、确定会议议程的基本操作步骤

（1）明确会议的各项议题。会议议题可以由领导提出；也可以由秘书部门根据领导提出的会议目标和要求，广泛征求意见后提出，报有关领导审定。

（2）确定各项议题的顺序。根据会议议程编制方法，合理安排各项议题的顺序。

（3）拟写会议议程。

巩固训练

浙江省 ×× 市职成教中心学校决定于 9 月 6 日—7 日召开电子技术应用、外贸英语、汽车运用与维修、财务会计 4 个重点专业的工作任务与职业能力分析会。学校办公室陈主任根据分析会的主题，邀请了市教育局负责职教的局长和职教科科长、市职教教研室主任及本校相关专业负责人。各专业负责人又各自邀请了 12 位一线专家，并通知各专业教师参加会议。9 月 6 日 8: 00，与会人员报到签名，在签到时会务组人员把会议议程等相关资料分发给与会人员。请你根据会议主题，拟写一份会议议程。

职业技能鉴定指导

一、知识技能要点

1. 知识要点：会议议程的内容与编制方法
2. 技能要点：能够拟定会议议程

二、模拟训练

（一）单项选择题

1. 编制会议议程，（　）的议题一般放在后面。

A．重要的　　B．保密性强的　　C．同类性质的　　D．重要事项的

2. 会议议题最后由（　）。

A．领导审定　　B．秘书拟定　　C．各主管部门推荐　　D．与会人员决定

3. 会议议程应按议题的（　）排序。

A．大小　　B．发起人　　C．轻重缓急　　D．讨论时间长短

（二）多项选择题

1. 会议议程的结构由（　　）组成。

A．标题　　B．题注　　C．正文　　D．落款

2. 会议议程编制的要点是（　　）。

A. 重要的议题或事项，必须放在整个会议议程的前面

B. 会议议程应提前15天交给与会人员，以便与会人员早做准备

C. 会议时间超过两小时或者涉及的内容较多，可以安排中间休息时间或安排一系列的短时间会议

D. 尽量将同类性质的议题集中排列在一起

E. 合理分配各项议题或事项的时间

3. 大中型会议议程一般安排如下：开幕式，上级领导和来宾致辞；（　　）；（　　）；大会发言；（　　）；（　　）；闭幕式。

A. 分组讨论　　B. 参观或其他活动

C. 会议总结，宣读决议　　D. 领导做报告

（三）判断题

1. 尽量将同类性质的议题集中排列在一起，这样既方便讨论，也便于相关人员到会和退席。（　）

2. 会议时间超过两小时或者涉及的内容较多，可以安排中间休息时间或安排一系列的短时间会议。（　）

3. 重要的议题或事项必须放在整个议程的后面，保密性强的议题一般放在前面。（　）

4. 合理分配各项议题或事项的讨论时间，为重要的事项留出足够的讨论时间。必要时标出各项议题的时间分配，以便与会人员和会议主持人控制时间。（　）

5. 由会议组织机构确定的会议议程不需要标明制定部门的名称。（　）

三、技能实训题

1. 红光公司将举行20周年厂庆会议，届时将邀请领导和嘉宾到场。计划上午9：00举行开幕式，由副经理张斌同志主持，董事长赵飞龙同志致欢迎词，嘉宾代表兴业集团董事长吕远同志分别致辞。公司经理张鹏同志做主题发言，介绍公司发展过程和未来目标；销售科长的发言题目是“构建共赢价值链，增强企业竞争力”。发言结束后，与会人员进行合影。下午由董事长陪同与会人员去公司车间参观，晚上安排文艺晚会。请你拟写红光公司20周年厂庆会议议程。

2. 宏宇公司将举行销售团队会议，研究下一季度销售工作的目标以及人员招聘、选拔等问题。秘书张霞根据总经理、销售总监、各主管提出的议题编制会议议程并提交总经理潘洋审核。宏宇公司总经理看了会议议程后不满意，认为这份会议议程有问题，需要重做。下面是秘书张霞拟定的会议议程，请你帮助她重新拟制这份会议议程。

宏宇公司销售团队会议议程

宏宇公司销售团队会议将于5月5日（星期一）上午10：00在公司总部三号会议室举行。

（1）销售二部经理人选。

（2）东部地区销售活动的总结。

（3）上次会议记录。

（4）销售一部关于内部沟通问题的发言。

（5）下季度销售目标。

（6）公司销售人员的招聘和重组。

任务二 拟定会议日程 Task 2

任务情境

大宇公司 2013 年度全国销售表彰大会的议程已确定，办公室主任王浩让助理赵亮根据议程拟写会议日程。

任务要求

1. 根据全国销售表彰大会会议议程拟写会议日程
2. 掌握会议日程编制要点

任务实施

根据任务情境，按照下列步骤实施任务，并填写表格。

第一步	确定日程	日程安排要点
第二步	编制日程表	评价标准

相关知识

一、会议日程的含义

会议日程是指会议议程在时间上的具体安排，一般情况下在会前发给与会人员。

二、会议日程的作用

（1）保证会议议程的具体实施。会议议程比较概括，会议日程则将议程的各项内容落实到具体的时间单元，从而在时间上保证议程的实施。

（2）方便与会人员。会议日程在会议内容、时间、地点等方面都有清晰的描述，能使与会人员了解会议的总体安排以及每项具体活动的时间、地点和要求，能给与会人员提供极大的方便。

（3）提高会议效率。科学的会议日程能够使各项会议活动形成一个和谐有序的整体，对各项活动的时间做必要的限制，能够最大限度地节省会议的时间和费用，提高效率。

三、会议日程编制的要点

（1）会议日程多采用表格形式来表达，以天为单位，将会议的时间分别固定在上午、下午、晚上三个单元。

（2）会议日程必须包括时间、内容、地点、参加人和负责人等要素。

（3）会议日程首先要考虑会议议程，其次还要安排好会议活动、与会人员的食宿和休息时间等。

（4）会议日程编制好后需经主管领导审核批准方可实施。

会议日程样例如下：

××省中等职业学校

第×届公关文秘专业教研大组年会日程表

时间			内容	地点	参加人	负责人
1月20日	下午	14：00	报到	浙江××宾馆	全体	赵××
		17：30	晚餐	浙江××宾馆2层	全体	张××
	晚上	19：30	召开大组理事会议	浙江××宾馆306室	理事	徐××
1月21日	上午	7：30	早餐	浙江××宾馆2层	全体	张××
		8：00	学校派车接与会人员	浙江××宾馆门前	全体	李××
		8：30—10：00	开幕式	××学校微格教室（2号实训楼3层302室）	全体	王××
		10：00—10：20	拍照	××学校音乐喷泉广场	全体	李××
		10：40—11：25	公开课 授课教师：×× 授课教师：××	××学校12—B教室 ××学校15—B教室	全体	朱××
		11：30	中餐	××学校3号食堂	全体	张××
		12：30	参观	××学校校园	全体	李××
	下午	13：00—15：00	1．公关文秘专业教学公开课评课 2．课程改革研讨 3．××××年高职考试分析 4．××××年高职考试大纲修订 5．××××年公关文秘专业教研大组活动计划讨论	××学校微格教室（2号实训楼3层302室）	全体	王××
		17：30	晚餐	浙江××宾馆2层	全体	张××
	晚上	19：30	联欢	浙江××宾馆8层	全体	张××

（续表）

时间			内容	地点	参加人	负责人
1月22日	上午	7：30	早餐	浙江××宾馆2层	全体	张××
		8：00—10：30	参观	参观××遗址（8：00）在××宾馆大厅等车	全体	李××
		11：00	中餐	浙江××宾馆2层	全体	张××
返回						

四、会议日程编制的原则

编制会议日程要遵循两个原则：一是精简、高效、科学、合理的原则；二是要张弛有度、劳逸结合、符合人体的生理和心理规律的原则。

五、会议议程与会议日程的不同点

（1）会议议程和日程的功能不同。会议议程是对会议所要通过的文件、所要解决的问题做概略安排，并加上序号将其清晰地表达出来。会议日程则是会议议程在时间上（通常以天为单位）的具体安排，一般采用表格形式。会议日程将会议时间设定在每天上午、下午、晚上 3 个单元里，使人一目了然。

（2）会议议程的编制在前，议程一旦确定，就不会再变。会议日程在时间、地点、人员等问题上如遇到一些变化，可相应调整。

巩固训练

浙江省 ×× 市职成教中心学校决定于 9 月 6 日—7 日召开会议，请华东师范大学徐教授带领的专家团队对电子技术应用、外贸英语、汽车运用与维修、财务会计 4 个重点专业进行工作任务与职业能力分析。请你根据会议主题，在会议议程（本项目任务一“巩固训练”成果）的基础上拟写会议日程。

职业技能鉴定指导

一、知识技能要点

1. 知识要点：会议日程的内容与编制要点
2. 技能要点：能够拟定会议日程

二、理论复习题

（一）单项选择题

1. 会议日程多采用（　）。

A. 文字形式　　B. 表格形式

C. 表格兼文字形式　　D. 单元形式

2. 会议日程拟定首先要考虑（　）。

A. 会议活动　B. 会议议程　C. 食宿　D. 休息时间

3. 会议日程是指会议议程在（　）的具体安排。

A. 时间上　B. 空间上　C. 地点上　D. 内容上

（二）多项选择题

1. 会议日程以天为单位，将会议时间分别固定在（　）三个单元。

A. 上午　B. 下午　C. 傍晚　D. 晚上　E. 中午

2. 会议日程不仅包括围绕会议主题的全部活动，还包括会议过程中的其他辅助活动，如（　）等。

A. 就餐　B. 娱乐　C. 参观　D. 考察　E. 结账

3. 会议日程的安排要贯彻（　）的原则。

A. 精简　B. 高效　C. 科学　D. 平等　E. 合理

（三）判断题

1. 会议议程和日程都是会议的基本要素。二者要在会议开始前确定下来，不再变动。（　）

2. 会议日程编制应以天为单位。（　）

3. 编制会议日程首先要安排好会议活动、食宿和休息时间，其次考虑会议议程。（　）

4. 会议日程必须包括时间、内容、地点、参加人和负责人等要素。（　）

5. 会议日程拟定不需经主管领导审核批准就可实施。（　）

三、技能实训题

2014 年 ×× 省中等职业学校第十八届文秘专业教研大组年会在 ×× 省 ×× 市职教中心召开，年会主题是课程改革与教学模式创新。本次年会的议题如下。

1. 教改“圆桌会”：文秘专业课堂教学变革与追求
2. 文秘专业“教学项目”实施现场观摩
3. 文秘专业核心课程“微课堂”教学设计研讨
4. 课改“微论坛”：文秘专业课程改革校本化实践研讨

年会分三部分：第一部分是开幕式，由 ×× 省 ×× 市职教中心李副校长主持，该校校长向来宾致欢迎词并介绍学校情况，开幕式后拍摄集体照；第二部分，文秘专业教研大组围绕本年度的主题展开讨论；第三部分是闭幕式，由 ×× 省文秘教研大组许 ×× 组长宣布此次会议论文评选的获奖名单，举行颁奖仪式，最后大会主持人宣布会议闭幕。

会议开幕式和闭幕式在职教中心的阶梯教室举行，教改“圆桌会”地点为行政楼四楼会议室，文秘专业“教学项目”实施现场观摩在 1 号教学楼 12–B 教室，文秘专业核心课程“微课堂”教学设计研讨和课改“微论坛”在行政楼三楼会议室。就餐地点为该校的 1 号食堂，住宿在该校附近的 ×× 宾馆（走路 5 分钟就到）。与会代表于 2014 年 11 月 26 日下午 14：00 开始报到。11 月 27 日上午 8：00 举行开幕式，11 月 28 日下午 16：00 会议结束。

请你根据以上材料拟定一份会议日程。

项目评价

项目实施评价表

<table>
<tr><th>评价项目</th><th>评价任务</th><th>评价关键点</th><th>满分</th><th>自评分</th><th>互评分</th><th>教师评分</th></tr>
<tr><td rowspan="5">拟定会议议程和日程</td><td rowspan="3">拟定会议议程</td><td>议题罗列完整</td><td>15</td><td></td><td></td><td></td></tr>
<tr><td>议题先后顺序正确</td><td>10</td><td></td><td></td><td></td></tr>
<tr><td>议程完整、正确、清晰</td><td>15</td><td></td><td></td><td></td></tr>
<tr><td rowspan="2">拟定会议日程</td><td>会议时间、内容、地点、参加人、负责人等要素表述清楚</td><td>25</td><td></td><td></td><td></td></tr>
<tr><td>表格制作美观</td><td>15</td><td></td><td></td><td></td></tr>
<tr><td colspan="2">学习态度</td><td>学习态度端正、上课积极发言、能积极实践技能</td><td>5</td><td></td><td></td><td></td></tr>
<tr><td colspan="2" rowspan="3">职业素养</td><td>善于倾听、勤于思考问题</td><td>5</td><td></td><td></td><td></td></tr>
<tr><td>文字表达能力好</td><td>5</td><td></td><td></td><td></td></tr>
<tr><td>有做事提前计划的习惯</td><td>5</td><td></td><td></td><td></td></tr>
<tr><td colspan="3">总　分</td><td>100</td><td></td><td></td><td></td></tr>
<tr><td colspan="3">总　评</td><td colspan="4"></td></tr>
</table>

注：总分65分为合格，75分为良好，85分及以上为优秀。

项目三
信息发布

Project 3

项目概述

会前筹备中的信息发布是指会前制发会议通知，主要包括通知的拟制和发送两个环节。

本项目包括拟制会议通知和发送会议通知两个工作任务。通过学习，我们将学会拟制和发送会议通知的技能并掌握相关知识。

学习目标

技能目标

1. 能制作不同类型的带回执的会议通知
2. 能发送会议通知

知识目标

1. 掌握会议通知的内容、格式
2. 掌握会议通知发送的方法

任务一 拟制会议通知 Task 1

任务情境

根据大宇公司 2013 年度全国销售表彰大会会议的主题，公司确定了会议嘉宾和与会人员名单。为了把会议的相关情况告诉他们，让他们能有充分的准备，办公室主任王浩让助理赵亮为会议嘉宾和与会人员拟制会议通知。

任务要求

1. 拟制内容齐备、格式正确的带回执的会议通知
2. 拟制一份会议请柬
3. 拟制一份会议通知邀请函

任务实施

根据任务情境，按照下列步骤实施任务，并填写表格。

第一步	制作带回执的会议通知	评价标准
第二步	制作会议请柬	评价标准
第三步	制作会议通知邀请函	评价标准

相关知识

一、会议通知的含义

通知是上级对下级、组织对成员或平行单位之间部署工作、传达事情或召开会议等使用的应用文。会议通知是向与会人员传递会议召开信息的载体，是会议组织者同与会人员

之间会前沟通的重要渠道。有些重要会议根据其任务、规模等情况，在正式召开之前要发两个通知。

（1）预备性通知。告知下级机关将于什么时间（一般写明月份或季度）召开什么会议；要求下级机关做好有关准备（如调查某些情况，或统计有关数字），在什么时间上报书面材料。如果是召开代表大会，对代表名额的分配、议案的准备等，都要在通知中予以说明。会议的预备性通知应注明主办方的联系方式。

（2）正式通知。在会议召开前一个月左右发出，具体说明会议召开的起止时间、具体地点、会议议程等。

二、会议通知的常见形式

1. 口头通知

口头通知最突出的优点是快捷、便利、省事，缺点是声音不易保存。口头通知适合于参加人员少的小型会议，正式会议一般不采用口头通知。

2. 电话（传真）通知

电话（传真）通知最突出的优点是快捷、准确、成本低，缺点是缺少书面记载。很多内部会议采用这种方式通知。

3. 书面通知

书面通知最突出的优点是责任清晰、事项全面准确，缺点是环节较多、效率较低。书面通知是一种传统的方式，适合大型会议使用。

4. 电子邮件通知

电子邮件通知最突出的优点是快捷、准确、成本低、内容全面、不受地域限制，缺点是有些地方尚未普及互联网技术，不便采用。

5. 手机短信通知

临时决定召开会议或会议相关事项临时变更，可采用群发手机短信的方式通知。

三、会议通知的结构与写法

会议通知一般有标题、通知对象、正文、落款、回执五大部分。

1. 标题

标题的写法一般有两种，即完全式标题和省略式标题。

（1）完全式标题。由主办单位 + 事由 + 文种构成。

（2）省略式标题。一般只用“通知”二字或者以“会议通知”为标题，在紧急情况下也可以以“紧急会议通知”为标题。

2. 通知对象

通知对象必须写明确，可以是单位或群体，也可以是个人。

3. 正文

正文的内容包括：

（1）会议目的和主题；

（2）会议的时间，包括报到的时间和结束的时间；

（3）会议地点，包括报到地点、会场地点、住宿地点等，必要时要画出交通简图，标明地理方位及抵达的公交线路；

（4）参加对象，如发给单位，要写明参加人员的基本情况、参加会议的人数；

（5）其他事项，包括费用、联系方式、报名方式等。

4. 落款

在正文下方右侧书写会议通知的落款，落款包括发文单位名称和发文日期两部分。发文单位名称应当使用全称或者规范化的简称，如果是正式会议还应当在名称上加盖单位印章。发文日期在发文单位下方，采用阿拉伯数字书写，要求年月日齐全。

5. 回执

如果与会人员较多或者与会人员从外地赴会，组织方应准确掌握与会人员的数量，做好相应的会前准备工作。可以在会议通知正文后附上回执，由与会人员填写完成后通过邮件或传真方式反馈给组织方。

（1）会议回执的作用。第一，便于收集与会人员的基本情况，统计参会人数；第二，便于安排接待和食宿等后勤工作；第三，对于立法性会议或重要会议，与会人员接到回执后填写并返回，相当于履行了签发手续。

（2）会议回执的内容。会议回执通常制成表格式或卡片式，主要包括与会人员姓名、性别、年龄、抵达时间、预订返程车票机票需求、联系方式等内容。会议回执可以帮助组织方准确统计与会人员人数以便安排住宿，并方便组织方为与会人员提供车票机票预订等服务。会议回执一定要注明寄回的截止日期，截止日期的设定一定要为会议住宿预订和确认留有余地。

（3）会议回执样式见下表。

会议回执（表格式）

姓名		性别		年龄	
公司名称				职务	
联系电话				电子邮箱	
通信地址					
是否接站（乘坐的交通工具及到达时间）					

（续表）

是否预订返程票（请注明乘坐的交通工具及大致时间）	
其他备注事项	

注：请于××××年×月×日前将会议回执寄至××市××街××号×××收。
邮编：××××××，电话：×××××××××××，传真：×××-×××××××××。

会议回执（卡片式）

会议回执

请于×月×日前将会议回执寄回。

□我准备参加此次会议。
□我将届时赴会，并带陪同人员　　　人。
□我不能参加此次会议。

署名＿＿＿＿＿＿＿＿
单位＿＿＿＿＿＿＿＿

会议通知例文：

关于召开宁波市2013—2014年度职成教教学成果奖

申报工作专题会议的通知

各县（市）区职成教教研室、城区各职业学校：

为了做好宁波市2013—2014年度职成教教学成果奖的申报工作，经研究，决定召开申报工作专题会议，现将有关事项通知如下：

一、会议时间：2014年9月3日（周三）下午1：30。
二、会议地点：宁波外事学校（宁波市海曙区启运路298号）。
三、参加对象：成果申报人、科研协作会理事、各县市区相关教研员。
四、会议议程

1．首届国家教学成果奖获奖成果宣讲
2．宁波市职成教教学成果奖申报材料整理研讨
3．申报工作布置

望与会人员安排好工作，准时参会！

宁波市职成教教研室
2014年8月28日

四、几种特殊的书面会议通知

1．会议请柬

（1）会议请柬的含义

请柬又称请帖、柬帖，是为了邀请客人参加某项活动而发的礼节性书信。召开各种会议，举行各种典礼、仪式活动，均可以使用请柬。使用请柬，既可以表示对被邀请者的尊重，又可以表示邀请者对此事的郑重态度。会议请柬除具有正规、庄重的特点外，还可作

为入场凭证。

（2）会议请柬的结构与写法

会议请柬的结构由标题、称谓、正文、敬语、落款组成。

① 标题。统一印制的双柬帖，封面已印上“请柬”二字。单位自己打印的请柬贴，仅在顶端第一行写“请柬”二字，字体较正文稍大。

② 称谓。顶格写被邀请单位名称或个人姓名，其后加冒号。个人姓名后要注明职务或职称，如“×× 董事长”、“×× 教授”。

③ 正文。另起行，空两格，写明活动的内容、形式、时间、地点及其他应知事项。语气恭敬、委婉、恳切。请柬中所提到的人名、国名、单位名称、节日名称都应用全称。

④ 敬语。一般以“敬请（恭请）光临”、“此致敬礼”等为结束语。“此致”另起行，前空两格；再另起行，写“敬礼”，需顶格。

⑤ 落款。以单位名义发出的会议请柬，要有单位名称并盖单位公章，以示正式；以领导人名义发出的会议请柬，由领导人签署，以表诚意。在单位名称或领导人姓名下面写上日期。

（3）请柬书写注意事项

① 书写要美观，用词要谦恭，要充分表现出邀请者的热情与诚意。

② 语言要精练、准确、得体、庄重。凡涉及时间、地点、人名等一些关键性词语时，一定要核查。

会议请柬例文：

请　柬

尊敬的张××老师：

兹定于十月十八日上午九时，在××市××职业中学召开建校五十周年庆祝大会。

敬请光临。

××市××职业中学

2014年9月3日

2. 会议邀请函

（1）会议邀请函的含义

会议邀请函是邀请亲朋好友或知名人士、专家等参加某会议时所发的约请性书信。会议邀请函一般用于商业会议活动，具有礼节性，发送对象是不受本单位职权制约的单位和个人。在召开各类学术会议、贸易洽谈会议、产品发布会、节庆会时，使用会议邀请函为宜。

（2）会议邀请函的结构与写法

会议邀请函的结构由标题、称谓、正文、落款组成。

① 标题。由会议名称＋邀请函组成，如“×× 高峰论坛邀请函”。

② 称谓。会议邀请函的邀请对象一般有两种：一是单位，称谓即单位名称；二是个人，称谓应当写个人姓名，前面加上敬语词“尊敬的”，后缀“先生”、“女士”、“同志”等。互联网上或报刊上公开发布的邀请函，由于对象不确定，可省略称谓。

③ 正文。正文应逐项说明具体内容。开头部分写明举办会议的背景和目的，用“特邀请您出席（列席）”照应称谓，再用过渡句转入下文；主体部分可采用序号加小标题的形式写明具体事项；最后写明联系方式，结尾处可写“此致敬礼”，亦可省略。

④ 落款。因会议邀请函的标题一般不标注主办单位名称，因此落款处应当署主办单位名称并盖章，下行写明具体的日期。

会议邀请函例文：

天创有限公司2013年度夏季表彰大会邀请函

尊敬的陈女士：

您好！

2013年1月至今，我们一起见证了天创的发展，在下半年即将来临之际，天创有限公司拟于2013年7月5日8：00在公司会议大厅举办2013年夏季优秀员工表彰大会，会议将围绕“总结工作，表彰先进，展望未来”的主题开展。公司董事长、副董事长和特邀嘉宾将出席会议。我们诚邀您参与！

电话：010—×××××××××，联系人：卢小姐。

附：会议日程、路线图（略）

天创有限公司

2013年9月1日

巩固训练

浙江省××市职成教中心学校定于9月6日—7日召开会议，会上将由华东师范大学徐教授带领的专家团队对电子技术应用、外贸英语、汽车运用与维修、财务会计4个重点专业进行工作任务与职业能力分析。学校办公室陈主任让助理小陆拟制会议通知和会议请柬。假如你是助理小陆，请你给邀请的领导及参加各专业分析会的企业专家拟写会议通知和会议请柬。

职业技能鉴定指导

一、知识技能要点

1. 知识要点：会议通知的内容、格式
2. 技能要点：能够拟制会议通知

二、模拟训练

（一）单项选择题

1. 会议请柬除具有正规、庄重的特点外，也具有（　）的作用。

A．入场凭证　B．礼节性　C．商业性　D．市场性

2. 正式会议一般不采用（　）。

A．书面通知　B．口头通知　C．电话通知　D．电子邮件通知

3. 会议的预备性通知应注明（　）。

A. 主办方的联系方式　B. 会议的具体到达时间

C. 会议分组名单　D. 会议详细日程

（二）多项选择题

1. 会议通知常见形式有（　）。

A．书面通知　B．口头通知　C．电话通知

D．会议邀请函　E．手机短信通知

2. 会议通知内容包括（　）。

A．会议内容　B．会议地点　C．会议时间　D．参加对象　E．会议费用

3. 回执的内容包括人员（　）等。

A．姓名　B．性别　C．年龄　D．工作单位　E．联系方式

（三）判断题

1. 会议回执的作用只是便于收集与会人员的基本情况，统计参加会议的人数。（　）

2. 会议邀请函的标题由会议名称 + 邀请函组成。（　）

3. 带回执的会议通知的对象可以是单位或个人。（　）

4. 邀请函直接发给个人的，应当写个人姓名，前面加上敬语词“尊敬的”，后缀为“先生”、“女士”、“同志”等。（　）

5. 会议回执一定要注明寄回的截止日期，截止日期的设定一定要为会议住宿预订和确认留有余地。（　）

三、技能实训题

1. ××街道阳明社区几年来在街道党委、办事处的指导下，始终坚持以人为本，以群众的需求为工作出发点，举办了各类丰富多彩的活动，并开展了各种为民服务。2014 年 11 月中旬，阳明社区为迎接省“教育强区”评估验收，拟召开 2014 年社区教育经验交流现场会。请你根据上述要求，拟写一份会议通知。

2. 请修改以下会议通知。

关于召开县（市）、区教育工会主席会议的通知

各县（市）、区教育工会，大榭开发区、东钱湖旅游度假区教育工会：

经研究，决定于 6 月 22 日召开县（市）、区教育工会主席会议。现将有关事项通知如下：

一、会议地点：××市新兴大酒店 5 楼 3 号会议室（中山西路西门口）。

二、会议时间：6 月 22 日上午 9：00 正式开始，会期一天。

三、参加对象：各县（市）、区教育工会主席或常务副主席，限 1 人。

四、会议内容：总结上半年工作经验，交流下半年工作思路，部署下阶段工作。

请安排好工作，准时与会。

任务二 发送会议通知

Task 2

任务情境

大宇公司办公室主任王浩为了让大宇公司的全国销售商尽快获悉即将召开的表彰大会，让助理赵亮在三天内把会议通知发出去。

任务要求

选择合适的方式发送会议通知。

任务实施

根据任务情境，按照下列步骤实施任务，并填写表格。

第一步	明确会议通知发送对象	理由
第二步	填写会议通知单	相关附件
第三步	选择会议通知发送的方式	理由
第四步	确认会议通知是否送达	回执处理

相关知识

一、确认会议通知发送的对象

（1）确认参加对象的职务或级别，即必须明确担任什么职务和级别的人员才能参加会议。

（2）确认参加对象的身份，即明确参加对象是按照正式代表、列席代表、特邀嘉宾等几种身份中的哪一种来参加会议。

（3）确认参加对象的代表性。

（4）确认参加会议的总人数。

二、会议通知的发送方法

发送会议通知的方法有很多，如电话通知、发传真、发电子邮件、邮寄、广播、海报公布、登报等。应根据会议性质以及与会人员的具体情况选择会议通知的发送方式。为确保有效性，必要时可使用至少两种方式发送会议通知。

三、发送会议通知的程序

（1）明确会议通知发送对象及其联系方式。

（2）填写会议通知单并准备好相关附件。

（3）选择会议通知信息传递方式。

（4）确认会议通知是否送达。

四、发送会议通知的注意事项

（1）人员名单确定后，要送交主管领导审核，最终根据主管领导确定的名单发送会议通知。

（2）提前一～二周寄发纸质会议通知。过早与会人员容易遗忘，过晚给其的准备时间不足。当然，也要根据会议类型灵活掌握发送会议通知的时间，如单位内部会议和跨地区的大中型会议就有明显不同的要求。

（3）发送纸质通知时的地址、邮编等要填写正确，特别要注意，单位名称不要随意简化，以免造成错发。

（4）将名单和信封上的收件人信息核对一遍，防止遗漏和重复。信封封口前要仔细检查一遍，不要漏装、错装。

（5）可以通过发短信、口头（电话）询问、电子邮件询问等方式检查通知是否发送给拟通知的对象。

（6）在会议开始前，最好能和与会人员联系，进一步确认是否能够到会，以便安排食宿、代其订购回程车票等。

（7）法定性会议，必须确定会议通知已送达与会人员，并注意取得相关证明，如签收证明、收据、挂号信单据等，以免日后产生责任问题。

（8）特殊会议，如股东大会，可以采用公告的方式，刊登在报刊或网站上。在实际工作中，应根据不同类型的会议，灵活采取不同的会议通知形式和发送方式。

巩固训练

浙江省 ×× 市职成教中心学校将于 9 月 6—7 日召开会议，由徐教授带领的专家团队对电子技术应用、外贸英语、汽车运用与维修、财务会计4个重点专业进行工作任务与职业能力分析。学校办公室陈主任让助理小陆给将参加会议的教育局领导送了会议请柬，同时给将参会的各专业方向的企业骨干邮寄了书面通知。在9月5日下午陈主任对几位教育局领导是否能按时出席再次进行电话落实，助理小陆对企业骨干是否能如约赴会也再次进行电话落实。

请问：该校采用了哪几种方法发送会议通知？这样做的好处是什么？你认为还可以采用哪些方法发送会议通知？

职业技能鉴定指导

一、知识技能要点

1. 知识要点：无
2. 技能要点：发送会议通知

二、模拟训练

（一）单项选择题

1. 会议通知一般是提前（　）寄发给与会人员。

A．二~三周　　B．一~二周

C．一~二天　　D．二~三天

2. 某公司要召开股东会议，发送给全体股东的通知应于会议召开前（　）。

A．发布于公司网站上　　B．20天送达　　C．15天送达　　D．10天送达

3. 发送会议通知的工作顺序是（　）。

A．填写会议通知单并准备好相关附件—明确会议通知发送对象及其联系方式—选择会议通知信息传递方式—确认会议通知是否送达

B．选择会议通知信息传递方式—填写会议通知单并准备好相关附件—明确会议通知发送对象及其联系方式—确认会议通知是否送达

C．确认会议通知是否送达—明确会议通知发送对象及其联系方式—选择会议通知信息传递方式—填写会议通知单并准备好相关附件

D．明确会议通知发送对象及其联系方式—填写会议通知单并准备好相关附件—选择会议通知信息传递方式—确认会议通知是否送达

（二）多项选择题

1. 会议通知的发送方法有（　　）。

A．登报　　B．贴海报

C．邮寄　　D．发电子邮件

E．电话通知

2. 可以通过（　　）等方式检查通知是否发送给拟通知的对象。

A．发短信　　B．口头（电话）询问

C．邮寄信件　　D．电子邮件询问

E．贴海报

3. 法定性会议，必须确定会议通知已送达与会人员，并注意取得相关证明，如（　　）等，以免日后产生责任问题。

A. 签收证明　　B. 挂号信单据

C. 收据　　D. 传真复印件

（三）判断题

1. 发送会议通知应将名单和信封上的收件人信息核对一遍，防止遗漏和重复。信封封口前要仔细检查一遍，不要漏装、错装。（　）

2. 法定性会议，口头确认会议通知已送达与会人员即可。（　）

3. 书面通知中的地址、邮编等要填写正确，单位名称可以简化。（　）

4. 要发送会议通知的名单应送交主管领导审核，最终根据主管领导确定的名单发送会议通知。（　）

5. 为确保有效性，必要时使用三种以上方式发送会议通知。（　）

三、技能实训题

1. 李明是润华集团公司秘书，周一刚上班，集团领导交代他，公司要在下周五召开集团系统冬季促销工作会议，下属各公司的经理和业务科长必须参加。李明为了让下属公司的相关人员提前安排好工作按时来开会，就立即拟制会议通知并发了出去。为了确认下属各公司的经理和业务科长都来参加会议，李明又打电话询问他们会议通知是否收到，结果，有多个下属公司回复没有收到会议通知。李明了解情况后，一方面以邮件形式重新发送会议通知；另一方面又联系传达室检查退回的信件。经过传达室检查，发现有两种情况：信封上填写的邮寄地址，因为有些字迹太潦草，邮递员难以辨认；有些单位名被简化了，邮递员不知道投向何单位。

问题：（1）案例中李明在发送会议通知时哪些地方做得不对？

（2）请模拟填写信封、邮寄信件。

2. 2014 年 ×× 市中职旅游专业教师教学技能培训、微课比赛暨理事会议在 ×× 市职教中心学校举行。×× 市旅游专业教研员把会议文件和各校地址交给了该校旅游专业负责人，并请他以邮寄和发送电子邮件的方式向各校发送会议通知。请你模拟旅游专业负责人发送会议通知。

项目评价

项目实施评价表

评价项目	评价任务	评价关键点	满分	自评分	互评分	教师评分
会前信息发布	拟制会议通知	拟写带回执的会议通知	25			
		制作会议请柬	15			
		制作会议邀请函	15			
	发送会议通知	选择发送会议通知方式	10			
		邮寄会议通知信件	15			
学习态度		学习态度端正、上课积极发言、能积极实践技能	5			
职业素养		文字表达能力好	5			
		具有获取新知识的能力，掌握办公新技术	5			
		能恰当地使用谦恭用语	5			
总　分			100			
总　评						

注：总分65分为合格，75分为良好，85分及以上为优秀。

项目四 准备会议资料和物品

Project 4

项目概述

会议资料和物品是会议准备到位取得成功的重要因素之一。因此，会议的组织者在会前必须做好计划，提前准备各种会议资料和物品。

本项目包括认识会议资料和物品，制作会议证件和指示标识两个工作任务。通过学习，我们将学会准备会议资料和物品技能并掌握相关知识。

学习目标

技能目标

1. 能准备会议资料和物品
2. 能制作会议证件和指示标识

知识目标

1. 了解会议资料和物品的种类
2. 掌握会议证件的样式
3. 了解会议指示的标识与张贴地点

任务一 认识会议资料和物品

任务情境

大宇公司2013年度全国销售表彰大会的准备工作已基本就绪，办公室主任王浩要求助理赵亮准备会议资料和物品。

任务要求

根据会议要求，做好会议资料和用品的准备工作

任务实施

根据任务情境，按照下列步骤实施任务，并填写表格。

第一步	认识会议资料	会议资料类别
第二步	本次会议需要的会议资料	理由
第三步	认识会议物品	会议物品类别
第四步	本次会议需要准备的物品	理由

相关知识

一、会议资料的种类

会议资料可分为来宾资料、会务资料和沟通资料三类。秘书人员应提前做好充分的准备，按时分发会议资料，保证与会人员的正常使用。

1. 来宾资料

来宾资料是来宾报到时分发给来宾的资料，经过整理后用资料袋装好。资料袋中应放有会议文件资料（如会议主题讨论资料、重要人物讲话提纲等）、会议手册（内容包括会议日程表、会议须知等）、分组名单、会务组人员联系方式、笔记本、签字笔、代表证等。

2. 会务资料

会务资料是会议组织者处理各项会务所需的资料。会务资料包括接站一览表、会议签到表、住宿登记表、用餐分组表、会议讨论分组表、会议乘车分组表、订票登记表、会务组成员通信录（每人一份）等。

3. 沟通资料

沟通资料是为举办会议所进行的内外沟通的资料。沟通资料主要包括会议宣传资料、会议参考文件，以及与会议有关的协议书、合同书等。

二、会议物品的种类

1. 常用必备会议用品和设备

（1）桌椅、茶具、茶水、矿泉水等用品。如会场空间小，可使用饮水机；会场空间大，可逐桌摆放热水瓶（最好安排服务人员倒水）。

（2）音响系统。良好的音响系统是会议顺利进行的重要保障，主要包括功放机、音箱和若干话筒。话筒的数量应根据会场座位布局及发言人数量而定。音响及话筒应逐一调试，必要时安排设备管理人员专司此职。

（3）照明设备。会场灯光的亮度要适宜，台上光线一般要比台下亮一些。晚上开会要做好停电的应急准备工作。

（4）空调设备和通风设备。适宜的温度及清新的空气是确保会议成功的重要因素。会务工作人员应在开会前调节好室温。夏季室内气温高时，应考虑准备电扇、折扇等物品。会前要检查空调设备，做好开机准备，一般要在会议开始前两小时开机预热或预冷。

（5）安全通道和消防设施。大中型会议的会场要设有足够的安全通道，并配备完善的消防设施，以便及时应对火灾等突发事件。

（6）会议其他必备用品。提前准备足够的插线板、多功能插头以及装有会议流程、发言材料、PPT、相关歌曲、背景音乐等资料的 U 盘或移动硬盘。

2. 会议特殊用品和设备

会议特殊用品和设备是指一些特殊类型的会议才可能用到的用品和设备，具体如下：

（1）营造会场环境气氛的用品，如会标、条幅、充气拱形门、充气气球、鲜花、绿色植物等。这些用品可以营造庄严、肃穆、热烈等不同风格的会场气氛。如果有多个会场而且比较分散，还应该在通道或道路的适当位置摆放指引牌、方向标识。

（2）如果有选举、表决、表彰的议程，还需准备投票箱、计数设备。

（3）多媒体设备，如笔记本电脑、投影仪等。如果会议时间持续两个小时以上，还应为笔记本电脑准备电源适配器。

（4）签到簿或电子签到机，可在有外单位人员参加会议，或参会人数较多需统计人数时使用。

（5）其他特殊会议用品，如礼品、禁烟标识、备用医药箱（备有创可贴及感冒药、退烧药、消炎药等药品）。

（6）如需使用黑板、白板，确保已擦干净，并准备粉笔、指示棒、板擦、白板笔等。如需安放图架，应准备配套图表和足够的纸张。

3. 视听器材

视听器材有投影仪、红外线显示笔（讲解幻灯片用）、屏幕、电视机、录音设备、摄像设备。如果是电话、电视广播会议，要提前检查线路并调试设备，保证声音图像效果良好。

4. 通信设备

会议召开过程中往往需要对外进行通信联络，使用的通信设备主要有电话机、传真机，另外要有上网条件。会议筹备阶段应根据实际需要选择有效的通信方式，并检查通信系统的工作情况。

5. 文具、文件类会议用品

（1）文具

会议所需文具主要包括笔、笔记本、文件袋、便笺纸、信封、信纸、图钉、曲别针、裁纸刀、剪刀、胶带、双面胶、胶水、计算器、绳子、彩带（扎礼品用）等。

大会专用信封、信纸一般需请印刷设计公司设计符合大会主题的字体、色系，再根据确定的字体、色系去延伸设计其他相关印刷品，使印刷品有一致的整体感，加深与会人员印象。

（2）文件类会议用品

会议所需的文件类会议用品主要有以下几种：

① 代表证和座位名签。如有外单位人员参加会议，要准备代表证，摆放或粘贴座位名签。座位名签是与会人员身份的标志，既能充分体现对该座人员的尊重，又便于与会人员入座，同时有助于清点人数。座位名签一般用浅红色纸、黑笔书写或黑字打印。注意文字要大小适中，容易辨认。应在座位名签上写清该座位人员的姓名（核实无误）或单位名称。

② 胸卡和绶带。本单位工作人员需佩戴胸卡表明身份，礼仪小姐需佩戴绶带做好迎来送往工作。

③ 奖品、奖状或者荣誉证书。

④ 宣传海报、宣传小册子、会议通知、报名表等。

⑤ 会议指南、节目手册、晚宴邀请卡、餐券等。

⑥会议上要讨论的报告、决议、决定等文件，按照出席会议的人数印刷足够的份数。

三、准备会议资料和物品的注意事项

（1）根据会议经费的预算，量入为出。

（2）所备物品要经济适用，避免奢侈浪费。

（3）学会精打细算。必需的开支应优先考虑，如印刷会议资料与宣传材料、购买纸笔等物的开支；纪念品、奖品等附属品经费支出，可适当压缩。

（4）准备会议物品时可结合公关宣传工作，如在发放的纸笔或资料袋上印制举办会议的企业的名称及会议名称，也可以印制赞助企业的名称以开辟会议筹资渠道。

（5）准备就绪的物品在会议前要做适当的试用或调试；如需用黑板、白板，应将其附带的粉笔、白板笔、荧光笔、指示棒、板擦等一起准备；会议正式开始前两小时应开空调进行预冷或预热试验。

（6）各种视听设备应安排专人负责调试、维修和保管。视听设备一般由所签约的专业会议服务机构负责。会议组织者要做的是提醒对方：做好使用及维修记录；准备一些应急的配件，如保险丝、电工盒、空白磁带、彩色粉笔等；若租赁的设备较多，应向出租方要求配备专门的应急维修人员并提供维修电话号码；设备陈旧时应更换新的，避免在会议期间耽误时间维修，更不能让与会人员一同参与设备抢修；一切设备最好能在会议前预先调试好。

巩固训练

浙江省××市职成教中心学校将于9月6日—7日召开会议，由华东师范大学徐教授带领的专家团队对电子技术应用、外贸英语、汽车运用与维修、财务会计4个重点专业进行工作任务与职业能力分析。专家团队提出每一个专业都需要准备这些物品和会议材料：3台笔记本电脑、1台摄像机（最好全程摄像）、1台打印机、12支笔、一叠A4纸、一份专业教学标准。

如果你是学校办公室助理小陆，请结合专家团队提出的要求，列举本次会议还应该准备哪些会议资料和会议物品。

职业技能鉴定指导

一、知识技能要点

1. 知识要点：会议资料和物品的类型和准备程序
2. 技能要点：能够准备会议资料和物品

二、理论复习题

(一) 单项选择题

1. 下列不属于会议资料的是(　)。

A. 来宾资料　　B. 会务资料　　C. 沟通资料　　D. 拍摄资料

2. (　)是与会人员身份的标志，既充分体现对该座人员的尊重，又便于与会人员入座，同时有助于清点人数。

A. 座位名签　　B. 代表证　　C. 签到簿　　D. 绶带

3. 大会(　)一般需请印刷设计公司设计符合大会主题的字体、色系，并根据确定的字体、色系去延伸设计其他相关印刷品，使印刷品有一致的整体感，加深与会人员印象。

A. 专用信封、信纸　　B. 签到簿

C. 海报　　D. 餐券

(二) 多项选择题

1. 会务资料包括(　)。

A. 会议签到表　　B. 接站一览表

C. 住宿登记表　　D. 会议讨论分组表

E. 订票登记表

2. 沟通资料主要包括(　)。

A. 会议宣传资料　　B. 接站一览表

C. 住宿登记表　　D. 会议参考文件

E. 与会议有关的协议书或合同书

3. 常用必备会议用品和设备有(　)。

A. 桌椅、茶具、茶水、矿泉水等用品　　B. 音响系统

C. 照明设备　　D. 空调设备与通风设备

E. 安全通道与消防设施

(三) 判断题

1. 各种视听设备应安排专人负责调试、维修和保管。(　)

2. 准备会议物品时可结合公关宣传工作。(　)

3. 本单位工作人员需佩戴绶带表明身份，礼仪小姐需佩戴胸卡做好迎来送往工作。(　)

4. 会场灯光的亮度要适宜，台下光线一般要台上比亮一些。(　)

5. 会场空间小，可摆放热水瓶；会场空间大，可使用饮水机。(　)

三、技能实训题

××市职业学校机电专业拟召开人才培养创新研讨会，会议将邀请全国相关院校领导、专家约100人与会。如果你是办公室主任，请根据会议主题，准备会议所需要的物品和资料。

任务二 制作会议证件和指示标识

Task 2

任务情境

大宇公司2013年度全国销售表彰大会即将召开，公司邀请省市有关领导、同行业兄弟单位代表、公司董事会成员、全国各分公司领导、全国销售代理商代表以及公司高层管理人员和科研人员，与会人员近250人。除表彰先进、布置2014年度工作外，会议还包括分区域讨论、参观新型新款家电产品的生产线等环节。为了分清各地区、各类与会人员，同时为了更好地做好参观接待服务工作，公司办公室主任王浩要求助理赵亮制作会议证件和指示标识。

任务要求

1. 制作会议证件
2. 制作会议指示标识

任务实施

根据任务情境，按照下列步骤实施任务，并填写表格。

1. 制作会议证件

<table>
<tr><td rowspan="2">第一步</td><td>确定证件类型</td><td>理由</td></tr>
<tr><td></td><td></td></tr>
<tr><td rowspan="2">第二步</td><td>确定证件内容</td><td>理由</td></tr>
<tr><td></td><td></td></tr>
<tr><td rowspan="2">第三步</td><td>确定证件样式</td><td>理由</td></tr>
<tr><td></td><td></td></tr>
<tr><td rowspan="2">第四步</td><td>确定证件颜色</td><td>理由</td></tr>
<tr><td></td><td></td></tr>
<tr><td rowspan="2">第五步</td><td colspan="2">设计会议证件</td></tr>
<tr><td colspan="2"></td></tr>
</table>

（续表）

第六步	控制印刷数量	理由

2. 制作会议指示标识

第一步	确定会议指示标识的类别	理由
第二步	设计会议指示标识	

相关知识

一、制作会议证件

会议证件是会议组织者发给参加会议的代表、嘉宾和会议工作者佩戴的统一制作的证件。大型会议或重要会议都要制发证件，小型会议一般不必制发证件。

1. 会议证件的作用

使用会议证件的目的在于：方便对与会人员进行管理，证明与会人员、嘉宾、工作人员的身份；保证会议安全，控制会议出入人员；统计到会人数；维持会议秩序。

2. 会议证件的内容

会议证件的内容一般包括会议名称、证件名称、主办方名称和编号。重要会议或保密性会议的证件上还应有与会人员姓名、职务、单位、照片。会议证件样式如下。

××××××公司
××××××××会议

代
表
证

编号：××

××××××公司
××××××××会议

参　会　证

姓名：×××
职务：×××
单位：×××××
编号：×××

照片

3. 会议证件的类型

（1）代表证。证明与会人员不仅能参加会议，而且还具有表决权、选举权。

（2）列席证。证明与会人员能够到会旁听，但无表决权。

（3）工作证。证明与会人员是会议的工作人员，在会议期间行走出入有一定限制。

（4）记者证。证明与会人员是新闻媒体的有关工作人员、记者，在有些工作区域出入受到限制。

（5）来宾证。证明与会人员是主办方邀请的嘉宾。

4. 会议证件的样式

（1）系带式。此类证件可挂在胸前，取戴方便，但可能会在胸前晃动。

（2）粘贴式。此类证件可直接粘在衣服上，经济、方便，但可能在衣服上留下痕迹。

（3）夹子式。此类证件可夹在衣服的不同位置，但制作成本略高。

（4）台签式。此类证件可在开会的时候放在桌子上使用。

5. 制作会议证件的程序

制作会议证件的程序为：设计内容—设计颜色—控制印刷数量—盖章确认。

（1）设计内容。重要的大中型会议，会议证件要正规。在设计会议证件时，应从会议管理的需要出发，兼顾会议工作的方便和安全两个方面。

（2）设计颜色。会议证件的形式应反映会议的内容，设计要尽量经济实用、美观大方。根据与会人员的不同身份和会议证件的不同作用，将证件设计为红、黄、蓝、白等不同颜色，做到既有利于区别各种不同的会议证件，又体现会议庄严、隆重、热烈的特点。

（3）控制印刷数量。根据会议人数的实际需要，控制会议证件印刷数量，保证会议安全。

（4）重要的、具有保密性的会议证件要贴上本人的照片，并加盖大会印章。

二、制作会议指示标识

1. 会议的指示标识

会议的指示标识是在会场和相关服务区域摆放或者设置的某些标识物，方便与会人员找到座位，了解会场周围环境，使会议组织得更加有条理。

2. 会议指示标识的类型与张贴地点

（1）标识牌（或指示牌）。大中型会议应事先划分区域，贴上标识牌，使与会人员能顺利入座，并能够很方便地找到签到处、贵宾室、饮水处、洗手间等。

（2）区域图（或路线图）。在一些体育馆和礼堂里召开会议时，为了使参会的单位入场、退场井然有序，可事先画出区域图，并张贴于门口。在一些表彰、总结类型的大会上，应将被表彰、受奖励对象或其代表安排在前几排，并在座位上贴上名签，并标示于区域图上。

（3）名签与台签。在主席台和签到处等地方要摆放各种名签与台签，以表明人员的身份或办事机构的名称。

3. 会议指示标识的制作

（1）会议主办者自制会议指示标识。一些不太重要的会议的指示标识可以由会议主办单位内部用电脑制作或手工制作。

（2）由专业性的会议承办机构制作会议指示标识。一些重要会议的指示标识需规范和正式，因此，可以请专业性的会议承办机构来完成此项工作。

指示标识无论由谁设计、制作，都要力求简单、醒目、实用。

相关知识

浙江省 ×× 市职成教中心学校将于 9 月 6 日—7 日召开会议，会上将由华东师范大学徐教授带领的专家团队对电子技术应用、外贸英语、财务会计、汽车运用与维修 4 个重点专业进行工作任务与职业能力分析。办公室主任邀请了报社、电视台等媒体记者 4 人，又邀请了会议嘉宾 3 人；各专业负责人邀请了本专业企业一线技术人员 12 人。办公室助理小陆分别把电子技术应用和外贸英语两个专业安排在学校行政楼三楼会议室和四楼会议室，财务会计和汽车运用与维修两个专业分别安排在 1 号教学楼 12-B 会议室和 4 号教学楼 42-B 会议室。请你根据以上情境，模拟制作会议证件和指示标识。

职业技能鉴定指导

一、知识技能要点

1. 知识要点：会议证件的样式、会议指示标识及其张贴地点
2. 技能要点：能够制作会议证件和指示标识

二、理论复习题

（一）单项选择题

1. 不仅能参加会议，而且还具有表决权、选举权的人员是（　）。

A．正式代表　B．列席代表　C．记者　D．工作人员

2. 制作会议证件的程序为（　）。

A．设计内容—设计颜色—控制印刷数量—盖章确认

B．设计内容—控制印刷数量—设计颜色—盖章确认

C．设计颜色—设计内容—控制印刷数量—盖章确认

D．设计颜色—控制印刷数量—设计内容—盖章确认

3. 一些不太重要的会议的指示标识可以由会议主办单位内部用电脑制作或（　）。

A．会议承办机构制作　B．手工制作

C．会议协办单位制作　D．高价外包给专业机构制作

（二）多项选择题

1. 会议证件的作用是（　　）。

A. 保证会议安全　　B. 控制会议出入人员
C. 有利于维持会议秩序　　D. 统计到会人数
E. 证明与会人员身份

2. 会议证件的内容一般包括（　　）等。

A. 会议名称　　B. 证件名称
C. 主办方名称　　D. 编号
E. 职务

3. 会议证件的类型有（　　）。

A. 代表证　B. 列席证　C. 工作证　D. 记者证　E. 来宾证

（三）判断题

1. 指示标识无论由谁设计、制作，都要力求简单、醒目、实用。（　）

2. 大中型会议事先应划分区域，贴上标识牌，使与会人员顺利入座，并能够很方便地找到签到处、贵宾室、饮水处、洗手间等。（　）

3. 一些不太重要的会议的指示标识可以由会议主办单位内部用计算机制作或会议承办机构制作。（　）

4. 具有保密性质的会议要在证件上贴上本人的相片，并加盖大会印章。（　）

5. 大型会议应区分正式代表、列席代表、新闻媒体、工作人员等不同身份参加者的会议证件的样式。（　）

三、技能实训题

1. 请你为某企业设计一个员工上下班的出入证件。

2. 请你为某企业设计一个职工代表会的会议证件。

项目评价

项目实施评价表

评价项目	评价任务	评价关键点	满分	自评分	互评分	教师评分
准备会议资料和物品	准备会议资料和物品	了解有哪些会议资料和物品	15			
		能准备会议资料和物品	25			
	制作会议证件和指示标识	能制作会议证件	25			
		能制作会议指示标识	15			
学习态度		学习态度端正、上课积极发言、能积极实践技能	5			
职业素养		动手操作能力强	5			
		工作细致周到	5			
		具有勤俭节约的良好习惯	5			
总　分			100			
总　评						

注：总分65分为合格，75分为良好，85分及以上为优秀。

项目五
布置会场

Project 5

项目概述

布置会场是会议筹备的一项重要内容，是秘书在会议工作方面必须掌握的基本技能之一。

本项目包括确定会场布局、安排会场座次、布置会场环境三个工作任务。通过学习，我们将学会布置会场的技能并掌握相关知识。

学习目标

技能目标

1. 能确定会场布局
2. 能安排会场座次
3. 能布置会场环境

知识目标

1. 理解会场总体布局要求
2. 掌握会场布局形式
3. 掌握主席台座次安排要领
4. 掌握会场座次安排方法
5. 掌握会场环境布置要求

任务一 确定会场布局

Task 1

任务情境

大宇公司 2013 年度全国销售表彰大会参会人数达 250 人。公司领导高度重视本次大会的会场布置，要求办公室做好该项工作。办公室主任王浩要求助理赵亮提前一周确定会场布局。

任务要求

1. 明确会场总体布局要求
2. 确定会场布局形式

任务实施

根据任务情境，按照下列步骤实施任务，并填写表格。

第一步	确定会场布局形式	理由
第二步	根据会场布局形式画出会场效果图	注意事项
第三步	根据效果图在会议实训室进行会场布局	

相关知识

一、会场总体布局要求

（1）会场总体布局要求是庄重美观、明亮安静、舒适整洁、大小适宜、设备齐全、空气流通好和安全保密。

（2）体现会议主题氛围。根据会议的性质和形式营造和谐的氛围，体现会议的主题和气氛。

（3）考虑会议性质规模。会场总体布局要考虑会议的性质、规模、规格等因素。

（4）注意会议类型。大中型会议要突出中心，即要保证有一个绝对的中心，因此多采用大小方形的形式，以突出主持人和发言人，同时要考虑进退场的方便。小型会议的会场要注意集中和便利。

二、会场总体布局形式

会场总体布局形式，要根据会议的性质、规模和需要来确定。会场布局有上下相对式、全围式、半围式、分散式和并列式五种形式，具体见下表。

会场总体布局表

会场布局类型	特　点	适合会议	主要形式
上下相对式	主席台和代表席采取上下面对面的形式，突出主席台的位置；会场气氛比较严肃和庄重	大中型报告会、总结表彰会、代表大会	教室形、礼堂形
全围式	不设专门的主席台，会议的领导、主持人和其他与会人员围坐在一起，形成融洽和谐的气氛，体现平等和相互尊重的精神	小型和特小型会议以及座谈性、协商性等性质的会议	长方形、多边形、圆形、椭圆形、回字形
半围式	在主席台的正面或两侧安排代表席，形成半围的形状，既突出了主席台的地位，又增添了融洽的气氛	中小型工作会议	T字形、马蹄形、出字形、桥形、五边形
分散式	将会场座位分解成由若干个会议桌组成的格局，每一个会议桌形成一个谈话交流中心，与会人员根据一定的规则安排就座，其中领导和会议主席就座的桌席称做“主桌”	规模较大的联欢会、茶话会、团拜会	V字形、方桌形、圆桌形
并列式	将双方的座位安排为面对面的并列式、侧面并列式或弧形并列式	双边会见和会谈	T字形、马蹄形、长方形、椭圆形、弧形、半圆形等

三、常见的会场布局形式

常见的会场布局形式有五种。

1. 上下相对式

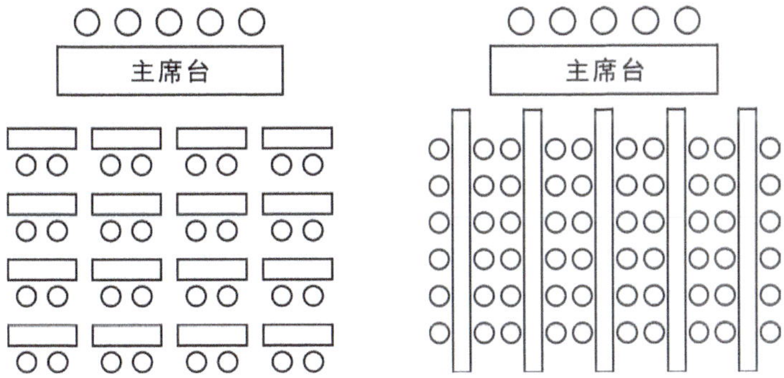

教室形

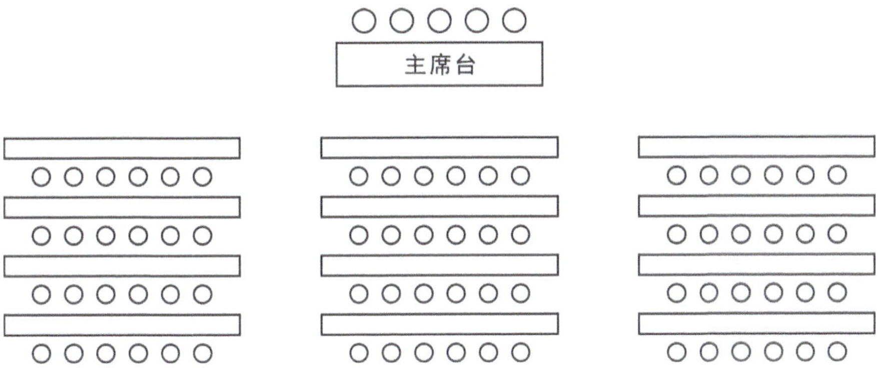

礼堂形

2. 全围式

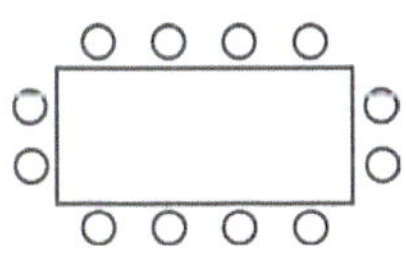

长方形

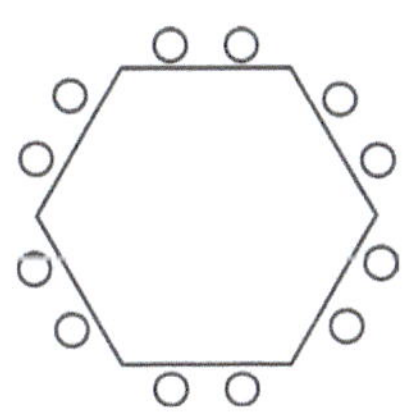

多边形

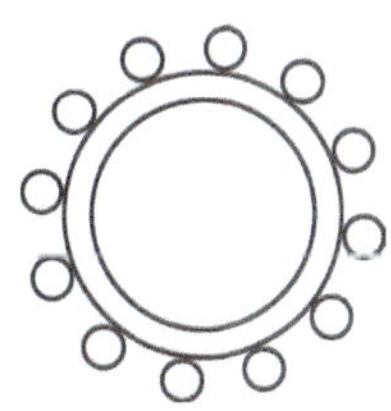

圆形

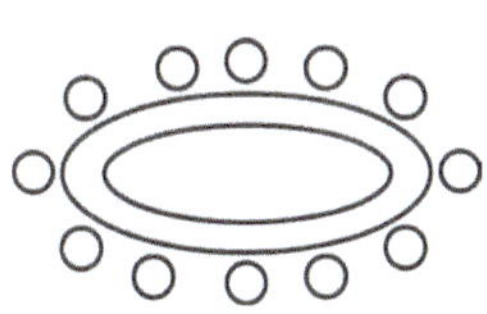

椭圆形

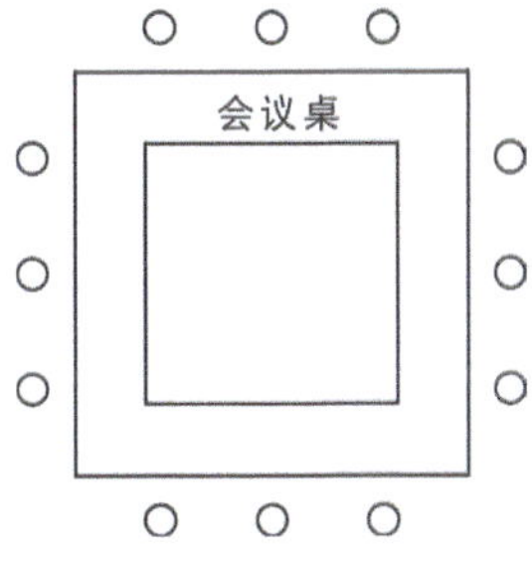

回字形

3. **半围式**

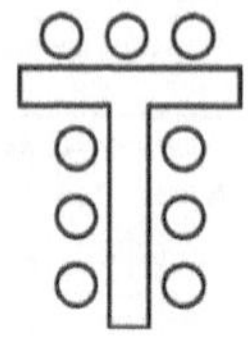

T字形

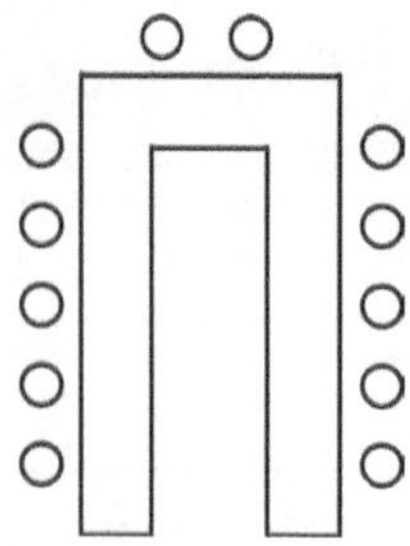

马蹄形

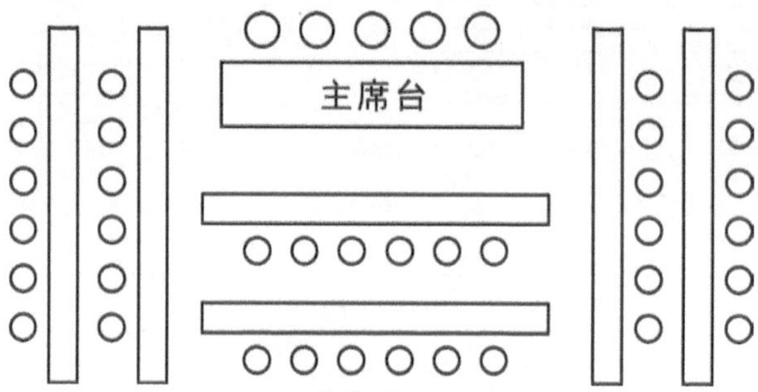

出字形

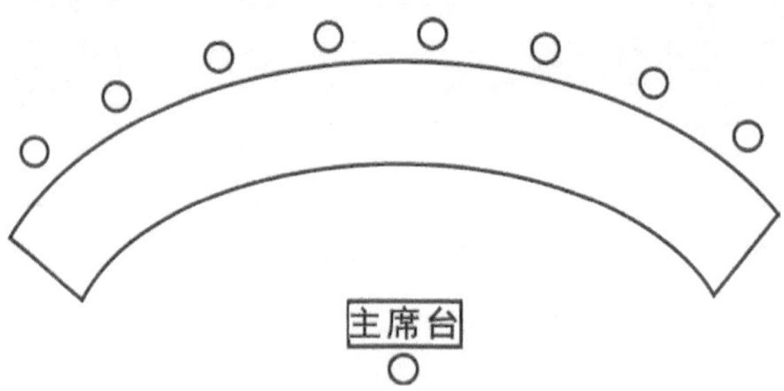

桥形

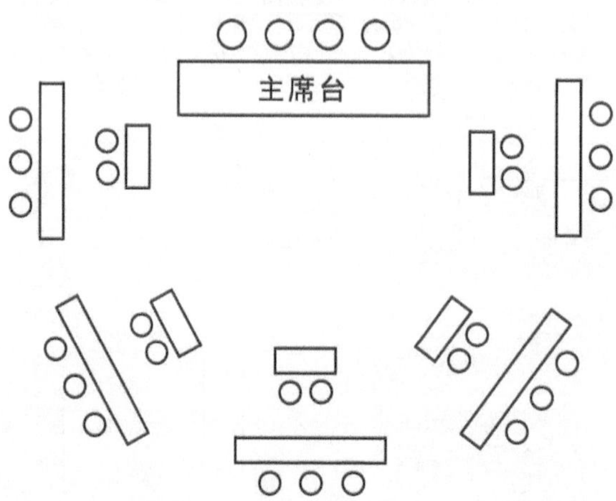

五边形

4. **分散式**

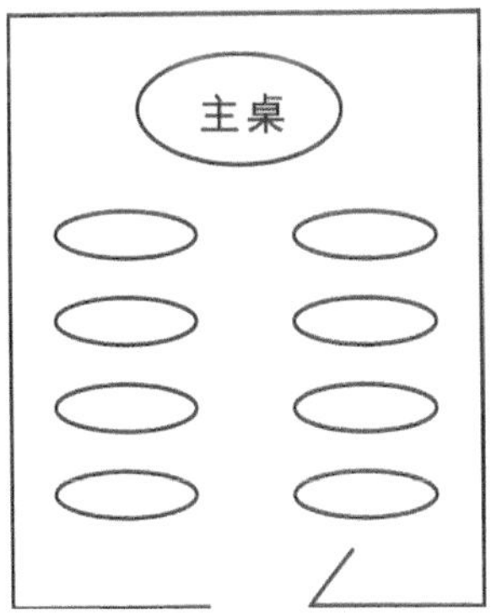

V字形

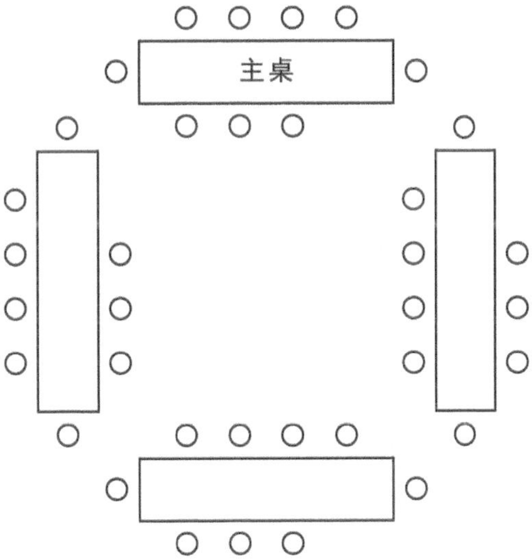

方桌形

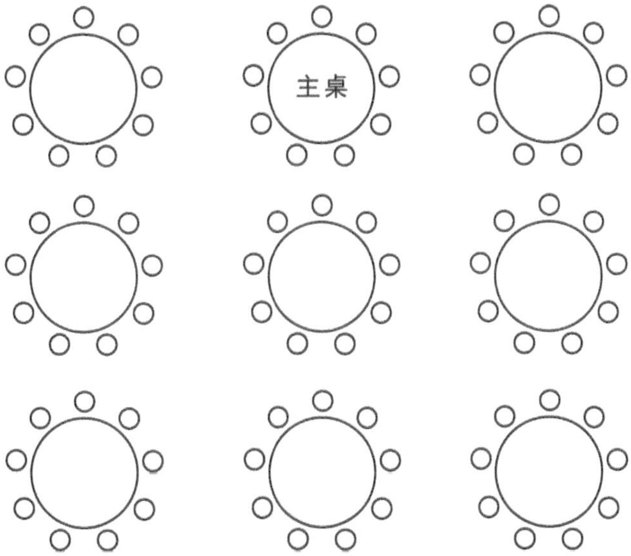

圆桌形

5. **并列式**

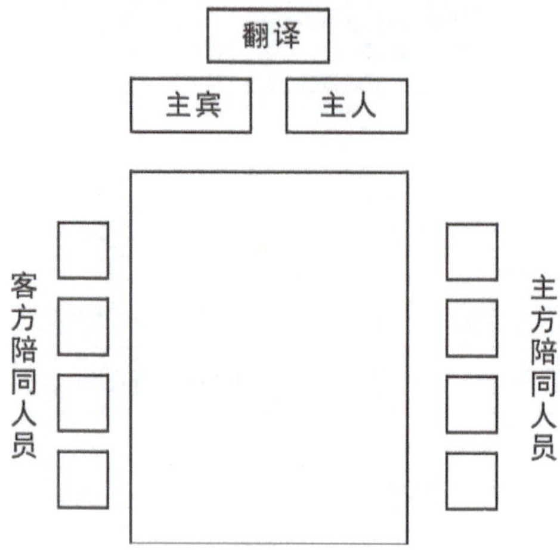

长方形

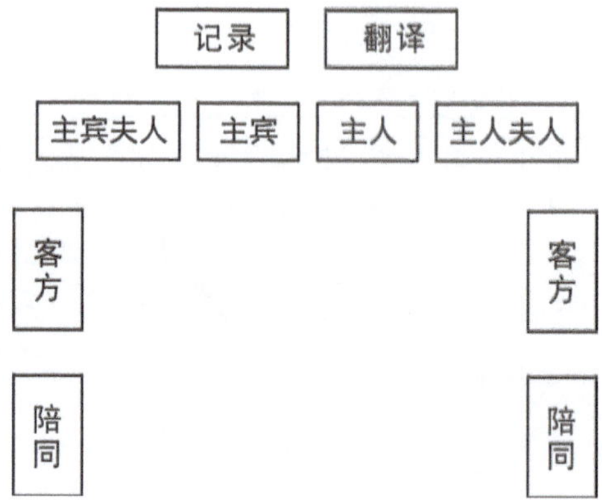

马蹄形1

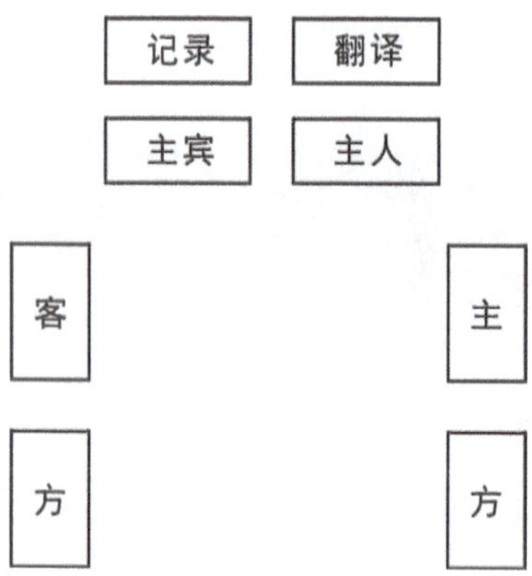

马蹄形2

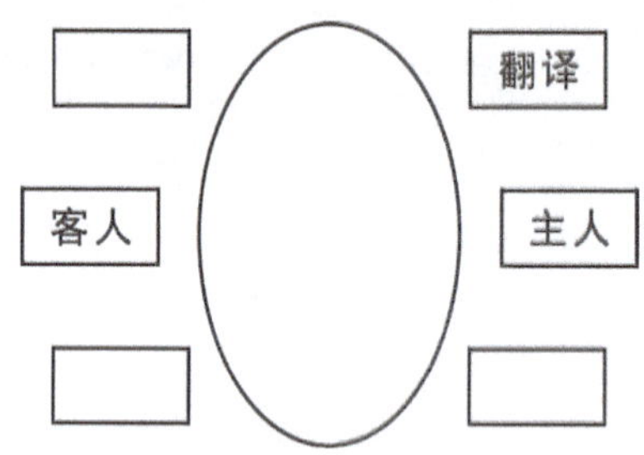

椭圆形

巩固训练

浙江省××市职成教中心学校专业工作任务与职业能力分析会要求每个重点专业邀请12位企业一线技术人员。要求12位技术人员面对面坐，两边各6人，桌子的一边是指导专家和记录员，还有一边安排多媒体。请你根据以上信息选择会场布局类型。

职业技能鉴定指导

一、知识技能要点

1. 知识要点：会场总体布局的要求
2. 技能要点：能够布置会场

二、模拟训练

（一）单项选择题

1. 不设主席台的布局形式是（　）。

A. 上下相对式　B. 全围式　　C. 半围式　　D. 分散式

2. 在主席台的正面或两侧安排代表席，形成半围的形状，既突出了主席台的地位，又增添了融洽的气氛的会场布局形式是（　）。

A. 上下相对式　B. 全围式　　C. 半围式　　D. 分散式

3. 将会场座位分解成由若干个会议桌组成的格局，每一个会议桌形成一个谈话交流中心，与会人员根据一定的规则安排就座，其中领导和会议主席就座的桌席称做“主桌”，这种会场布局的形式是（　）。

A. 上下相对式　B. 全围式　　C. 半围式　　D. 分散式

（二）多项选择题

1. 会场布局有（　　）五种形式。

A. 上下相对式　B. 分散式　　C. 全围式　　D. 半围式　　E. 集中式

2. 会场总体布局要求是（　　）。

A. 庄重美观　　B. 舒适整洁　　C. 大小适宜　　D. 明亮安静　　E. 空气流通好

3. 上下相对式会场布局类型适合（　　）会议。

A. 团拜会　　B. 总结表彰会　C. 代表大会　　D. 茶话会

E. 大中型报告会

（三）判断题

1. 大中型会议会场总体布局时要保证有一个绝对的中心。（　）

2. 召开规模较大的联欢会、茶话会、团拜会会场可以采用分散式布局。（　）

3. 小型和特小型会议以及座谈性、协商性等性质的会议会场可以采用分散式布局。（　）

4. 大中型会议会场布局可不突出发言人，只要突出主持人即可。（　）

5. 会场总体布局要考虑会议的性质、规模、规格等因素。（　）

三、技能实训题

红光管理咨询公司成立于2001年8月。成立以来，公司已为500多家企业提供过财务、税务、工商等相关业务咨询服务和常年的代理记账服务。公司本着“诚信、专业、优质、高效”的宗旨为客户提供服务，发展势头迅猛。该公司于2014年7月14—15日举行了主题为“快速成长型民营企业的成长与突围”的研讨会。会议邀请了许多中国民营企业负责人参加，出席大会的重要嘉宾有中国民营企业协会会长、国内某知名大学民营企业研究所所长、广东省民营企业家联合会会长等，参加研讨会总人数为109人。研讨会第一阶段是全体大会，第二阶段是分组讨论。研讨会地点设在广州市某四星级宾馆。如果你是办公室助理，你如何对大会第一阶段会议和第二阶段会议进行会场布局？

任务二 安排会场座次 Task 2

任务情境

赵亮针对大宇公司2013年度全国销售表彰大会提出的会场布局形式经办公室主任王浩审核通过。主任王浩要求助理赵亮安排会议主席台座次和场内座次。

任务要求

1. 安排主席台座次
2. 安排场内座次

任务实施

根据任务情境，按照下列步骤实施任务，并填写表格。

	安排主席台座次	理由
第一步		
	安排场内座次	理由
第二步		

相关知识

主席台是会场的中心，是整个会场布置工作的重点。主席台设置与否，取决于会议规模大小和隆重程度。大中型会议的会场一般都应设置主席台，以利于会议主持人主持会议，体现会场气氛。

一、主席台座次

主席台必须安排座次、放座次牌，以便领导同志对号入座，避免其上台之后互相谦让。

1. 国内会议主席台座次排列

国内会议主席台座次排列通常的做法如下。

（1）如果主席台就座人数为单数时，身份最高的领导人（有时也可以是声望较高的来宾）就座于主席台前排中央，其他领导人则按先左后右（以主席台的朝向为准）、一左一右的顺序排列，即名单上第二位领导人坐在第一位领导人（居中）的左侧，第三位领导人则坐在其右侧，其余人依次就座。

⑤　③　①　②　④

主席台

（主席台人员为单数，序号表示领导身份级别的高低）
单数排列法

（2）如主席台上就座的人数为双数，则以主席台中间为基点，第一位领导人坐在基点左侧，第二位领导人坐在基点右侧，第三位领导人坐在第一位领导人右侧。

⑥　④　②　①　③　⑤

主席台

（主席台人员为双数，序号表示领导身份级别的高低）
双数排列法

（3）如双方共同主持会议，则采取交叉间隔排列的方法。

③ 2　① 1　② 3

主席台

（双方共同主持的会议，双方领导交叉间隔排列。1、2、3表示甲方领导人身份级别高低，①、②、③表示乙方领导人身份级别高低）
交叉间隔排列法

2. 国际会议主席台座次排列

在举办国际会议时，主席台座次排列一般以主办方身份最高的出席者居中，其他来宾按身份高低一右一左、先右后左向两边排开，这一点与国内会议先左后右的排列方法正好相反。

3. 主席台多排座位排列

与会场座位布局相比，主席台座位的布置可以选择的形式较少，一般都采取横式。通常根据主席台上就座的人数多少来确定主席台的长短和排数，可以是一排，也可以是多排，除前排必须通栏外，后排有时也可以分成两栏，中间留出过道。主席台上每排桌椅之间要空出适当的距离，以方便领导人入席和退席。

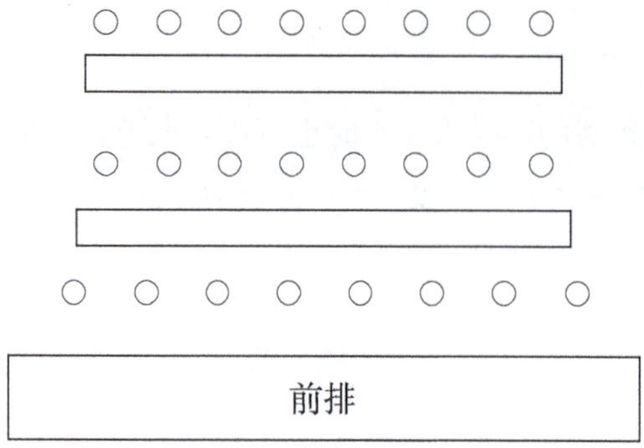

通栏排法

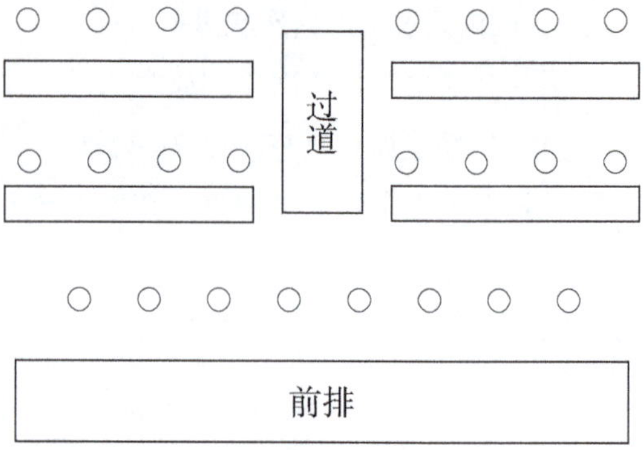

分栏排法

4. 设置主席台讲台

在主席台设置专门的讲台，有助于突出报告人的地位，显示报告的重要性，也体现会议气氛的庄严和隆重。因此，重要的报告会、代表大会等均需设置专门的讲台。一般情况下，讲台只设一个，可设在中央，也可设在主席台右前侧（以主席台的朝向为准）。设在中央时，高度应低于主席台，以免报告人挡住主席台上领导人的视线。较大的会场也可在主席台的两侧设置讲台，以方便代表上台发言。

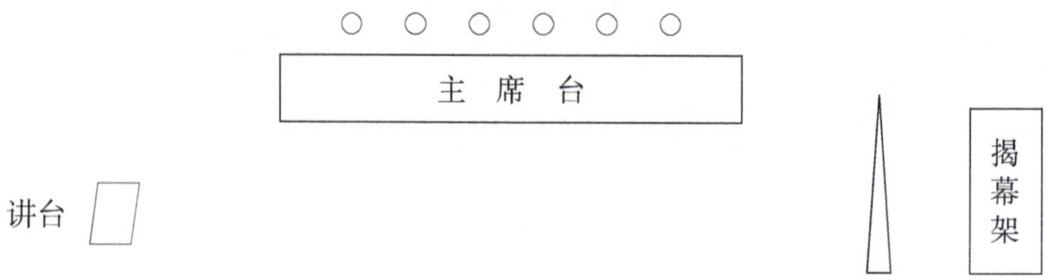

主席台讲台设置

二、会场内座次安排

1. 小型会场内的座次安排

小型会场的座次安排，应考虑与会人员就座的习惯，同时也要突出主持人和发言人。应注意分清上下座：一般离会场的入口处远、离会议主席台位置近的座位为上座；反之，为下座。会议的主持人或会议主席的位置应置于远离入口处、正对门的位置。

2. 大中型会场内的座次安排

有些会议不需要排列会场内其他人员的座次，但有的会议需要或必须排列，如代表大会或中型以上比较严肃的工作会议、报告会议等。排列座次有多种方法，可以根据需要选择其中一种。

（1）横排法。横排法是按照与会人员名单及姓氏笔画或单位名称笔画为序，从左到右横向依次排列的方法。选择这种方法应注意先排会议正式代表或成员，后排列席代表或成员。

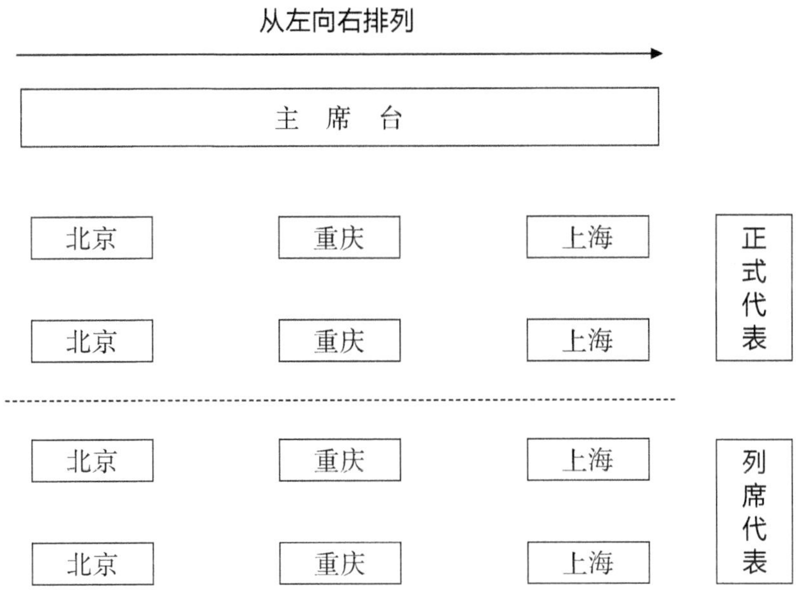

（代表团顺序：北京、重庆、上海）
横排法

（2）竖排法。竖排法是按照各代表团或各单位成员的既定次序或姓氏笔画从前至后纵向排列座次的方法。这种方法应注意先排会议正式代表或成员，后排列席代表或成员。

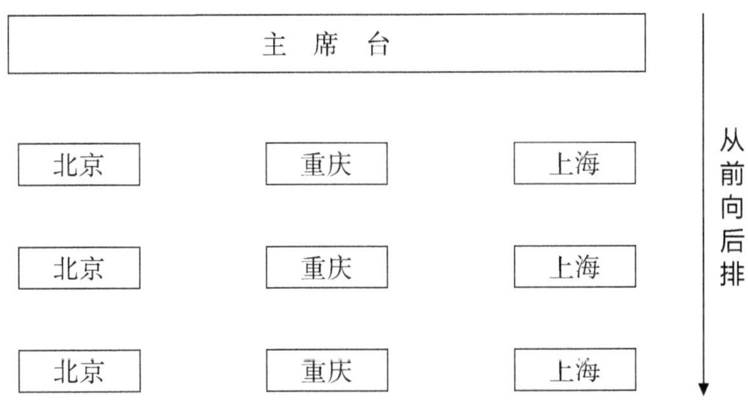

（代表团顺序：北京、重庆、上海）
竖排法

（3）左右排列法。左右排列法是按照参加会议人员姓氏笔画或单位名称笔画为序，以会场主席台中心为基点，向左右两边交错扩展排列的方法。选择这种方法时应注意人数。如果一个代表团或一个单位的成员人数是单数，那么排在第一位的成员应居中；如果一个代表团或一个单位的成员人数是双数，那么排在第一、二位的成员应居中，以保持两边人数的均衡。

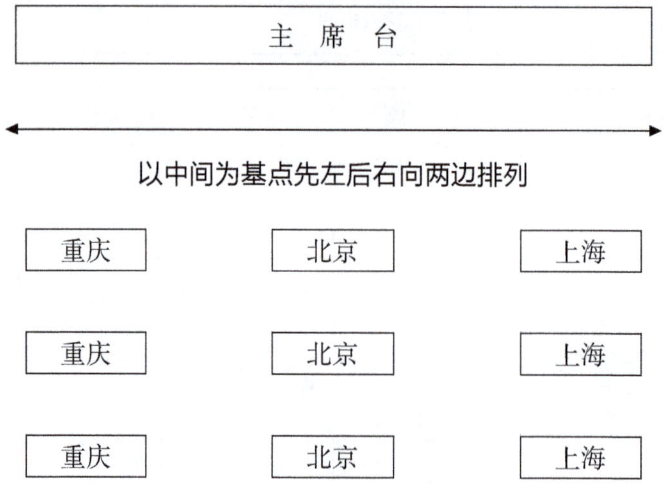

（代表团顺序：北京、重庆、上海）
左右排列法

三、座次标识法

座次标识法是指以名签、指示牌图表等标明会议成员座次。座次一旦确定就要确定标识座次的方法。座次标识法主要有以下三种方法。

（1）在主席台或会议桌上摆放名签。

（2）在出席证上注明座次（某排某号）。

（3）印制座次图表。

以上三种方法或取其中一种，或结合使用。可以在与会人员入会场之前，每人发一份座次图表，或在会议桌上摆放名签，或在出席证和签到表上注明座位号。主席台座次图表一般可贴在休息室，主席团成员在入场前一般先到休息室，秘书人员可提醒各位领导注意一下自己的座次。与会人员第一次入场时，会议工作人员应做适当引导。

巩固训练

浙江省 ×× 市职成教中心学校各专业工作任务与职业能力分析会的情况如下：专家 4 人，媒体记者 4 人，会议嘉宾 3 人，企业一线技术人员 12 人，本校教师 4 个专业共 20 人（每个专业 5 人）。请问：会场布置是否要设主席台？场内座次怎样安排比较好？

职业技能鉴定指导

一、知识技能要点

1. 知识要点：主席台座次和场内座次安排
2. 技能要点：能够布置主席台和场内的座次

二、模拟训练

（一）单项选择题

1. 主席台多排座位排列一般采用（　）。

A. 横式　　B. 竖式　　C. 通栏法　　D. 分栏排法

2.（　）是按照与会人员名单及姓氏笔画或单位名称笔画排序，从左到右横向依次排列。

A. 横排法　　B. 竖排法　　C. 左右排列法　　D. 分栏排法

3.（　）是按照各代表团或各单位成员的既定次序或姓氏笔画从前至后纵向排列座次的方法。

A. 横排法　　B. 竖排法　　C. 左右排列法　　D. 分栏排法

（二）多项选择题

1. 座次标识法有（　）。

A. 在主席台摆放名签

B. 在出席证上注明座次（某排某号）

C. 印制座次图表

D. 在会议桌上摆放名签

E. 在主席台印制座次图表

2. 有些会议不需要排列会场内其他人员的座次，但有的会议需要或必须排列，如（　）等。

A. 中型以上比较严肃的工作会议　　B. 座谈会

C. 中型以上比较严肃的报告会议　　D. 会谈

E. 代表大会

3. 会场内座次安排有（　）。

A. 横排法　　B. 竖排法　　C. 左右排列法

D. 分栏排法　　E. 通栏法

（三）判断题

1. 会场内座次安排采用左右排列法时，应以会场主席台中心为基点，向左右两边交错扩展排列。（　）

2. 选择横排法应先排会议正式代表或成员，后排列席代表或成员。（　）

3. 在主席台设置专门的讲台，有助于突出报告人的地位，显示报告的重要性，也体现会议气氛的庄严和隆重。（　）

4. 一般情况下，会议讲台设两个，可设在中央，也可设在主席台右前侧。（　）

5. 主席台一般都采取横式，可以是一排，也可以是多排，每排都可以分成两栏，中间留出过道。（　）

三、技能实训题

1. 舜禹光学科技有限公司新近获得了“省百强企业”的荣誉称号，准备召开庆功表彰会。办公室主任赵萍来检查会场，她发现秘书小张安排的座次有问题。小张将董事长的位置安排在前排最右边，然后依次是副董事长、总经理、副总经理，所有领导按职务高低从右向左排列，后面是表彰的人。小张的安排合适吗？如果不合适，请你帮助她安排主席台和场内的座次。

2. 天阳公司准备召开2014年度客户联谊会暨2015年度新产品订货会。此次客户联谊会在主席台就座的有总经理吴××、副总经理何××、副总经理兼财务总监张××、童装专业委员会副会长杨××、北京××有限公司副总经理王××等。请你根据情境进行实训，安排主席台的座次，并在相应的位置上放置台签。

任务三 布置会场环境

Task 3

任务情境

大宇公司 2013 年度全国销售表彰大会是一次全国性会议，办公室助理赵亮在完成了主席台和场内座次安排后，就着手对会场进行环境的布置。

任务要求

1. 装饰主席台及其背景
2. 装饰会场四周和会场门口背景
3. 选择会场色调
4. 布置会场花卉
5. 改善会场气味

任务实施

根据任务情境，按照下列步骤实施任务，并填写表格。

第一步	装饰主席台及背景	注意事项
第二步	装饰会场四周和会场门口背景	注意事项
第三步	选择会场色调	理由
第四步	布置会场花卉	理由
第五步	改善会场气味	理由

相关知识

布置会场环境是指根据会议性质和目标，布置会场环境需对会场的主席台、会场四周和门口、会场色调、会场花卉、会场气味等方面进行布置或改善，起到昭示会议主题、渲染会议气氛、调节心理状态等的作用。

装饰会场应本着节约适用的原则，不可奢侈浪费。依据《党政机关厉行节约反对浪费条例》，党政机关、事业单位办会一律不可奢侈浪费，如北京市市级党政机关、事业单位办会，会场一律不可摆花草，不提供水果。

一、装饰会场的手段

1. 会标

悬挂于主席台前幕的上端或天幕（即主席台背景）上的会议的全称标语，即为会标。正式、隆重的会议都应当悬挂会标。会标的作用有两个：一是体现会议的庄重；二是提示会议的主题和性质，激发与会人员的参与感。会标格调应当与会议的主题保持一致，应当醒目，具有视觉冲击力，一般采用红底白字。

2. 会徽

会徽即体现或象征会议精神的图案性标志，一般悬挂于主席台背景中央，形成会场的视觉中心，具有较强的感染力。会徽一般有三种来源：一是以本组织的徽志作为会徽；二是以会议主办机构的徽志作为会徽；三是向社会公开征集，选择最能体现或象征会议精神的图案作为会徽图案。

3. 旗帜

重要的会议可在会场内外插一些旗帜，以增添会议的庄重气氛。

4. 标语

会场内外适当的悬挂标语可以烘托会议的主题，渲染会议的气氛，振奋与会人员的精神。会议标语应当简洁，具有鼓动性和号召力。

5. 花卉

适当布置花卉点缀会场，能给人一种清新、活泼的感觉，并能减轻与会人员长时间开会的疲劳。

6. 气球

气球用于庆祝典礼会场，以营造喜庆氛围。大氢气球下挂标语的形式较为常用，还常常与彩虹充气拱门配合使用。

7. 灯光

灯光强弱、明暗及颜色不同，会场的视觉效果也不同。一般性会议宜使用白炽灯和日光灯作为照明光源，要注意掌握主席台与台下代表席灯光亮度的比例。

二、主席台及周围的装饰、物品摆放

1. 讲台

讲台一般设置在主席台右前侧，上面可摆放鲜花。

2. 会标

将会标悬挂于主席台前幕的上沿或天幕上。

3. 会徽

主席台背景中央可悬挂会徽。主席台背景处也可悬挂红旗或其他艺术造型。

4. 其他物品摆放

主席台上或台下可摆放花卉。台上铺红色台布，摆放领导人台签、话筒、水杯、矿泉水。主席台正前方摆放摄像机。

5. 揭幕架

会议活动如穿插揭幕仪式（如揭像、揭碑、揭牌等），可在主席台的左侧（以主席台朝向为准）设置揭幕架，与讲台对称。揭幕架上事先放置好所要揭幕的像、碑、牌等，上面用合适的丝绒盖住。

三、会场背景的装饰

会场背景的装饰除了主席台的装饰外，主要指会场门口和四周的装饰，这些地方可悬挂横幅标语、广告、宣传画、彩色气球等，还可摆放鲜花等装饰物。一些礼节性会见，会场可多摆放些鲜花，在会客室四周墙壁上可悬挂名人字画及有特色的工艺品等作为点缀，这样更能增添会场典雅的气氛。

四、会场色调的选择

会场色调在这里主要是指会场内色彩的搭配与整体基调。场内色调应选择与会议内容相协调的色彩，这样可以给与会人员的感官带来一定的刺激，在其心理上产生积极的影响。会议工作人员可以通过调节主席台、台布、天幕、场内桌椅和装饰等物的色彩，烘托整体的色调。一般来讲，红色、粉色、黄色、橙色等色调比较明快亮丽，可以表现出热烈、辉煌的气氛，使人感到兴奋、喜悦，因此比较适合庆典性会议。庆祝大会的会场，可利用暖色调布置得醒目、鲜亮些。天蓝、米黄、绿色等色调庄重、典雅，比较适合严肃的工作会议。

五、布置花卉

会场花卉的布置对人的情绪会产生一定的影响。根据会议性质和内容，恰当地布置花卉，可使人心情愉快。不同的花卉有不同的花语和情感色彩，可根据不同的会议类型确定和摆放花卉。

一般性会议可选择扶桑、月季等花卉，这些花卉可使人心情愉快，气氛轻松；比较庄重的会议，最好摆放君子兰、万青年、棕榈等，这些花卉可使人情绪镇静，会场气氛庄严；日常工作会议由于会议时间较长，且又是处理本部门的重大问题，与会人员一直处于精神高度集中紧张的状态，容易产生疲劳，因此，在会场中可以将窗帘和四壁布置成冷色或中性色，摆放苏铁、棕榈等绿色植物，以减缓与会人员的疲劳，使与会人员的情绪较长时间处于冷静状态。

六、会场的气味效应

会场内的气味对与会人员的情绪和会议效率具有特殊的影响。在会场内施以淡淡的清香，可以使人的心情变得舒畅，加快人的头脑反应速度；反之，如果会场内异味弥漫，会使人的心情变得烦躁，产生焦虑的情绪，要急于离开会场。通常可以采用两种方法改善会场气味环境：一是在会场内放置有清香气味的鲜花（如茉莉、米兰、兰花和月季）；二是提前在会场内喷洒少量具有清香气味的空气清新剂，以薰衣草和柠檬香型为宜，但不能过于浓郁。

巩固训练

请你根据会场环境布置的知识，模拟浙江省 ×× 市职成教中心学校专业工作任务与职业能力分析会场景，进行会场环境布置。

职业技能鉴定指导

一、知识技能要点

1. 知识要点：无
2. 技能要点：能够布置会场

二、理论复习题

（一）单项选择题

1. 会标一般为（　）。

A．绿底白字　B．红底黑字　C．白底红字　D．红底白字

2. 重要的会议可在会场内外插一些旗帜，以（　）。

A．烘托会议的主题　B．渲染会议的欢乐气氛

C．使人精神放松　D．增添会议的庄重气氛

3. 正式、隆重的会议都应当悬挂（　）。

A. 会标　B. 会徽　C. 花卉　D. 旗帜

（二）多项选择题

1. 装饰会场的手段有（　）。

A. 会标　B. 会徽　C. 花卉　D. 旗帜　E. 气球

2. 会场内外适当悬挂标语可以（　）。

A. 烘托会议的主题　B. 渲染会议的气氛

C. 振奋与会人员的精神　D. 使人放松心情

3. 主席台上或台下可摆放花卉。主席台上可铺红色台布，摆放（　）。

A. 领导人台签　B. 话筒　C. 水杯　D. 矿泉水　E. 钢笔

（三）判断题

1. 揭幕架上应事先放置好所要揭幕的像、碑、牌等，上面不可用东西遮盖。（　）

2. 一般性会议宜使用白炽灯和日光灯作为照明光源，要注意掌握主席台与台下代表席亮度的比例。（　）

3. 可以以本组织的徽志作为会徽。（　）

4. 会徽是体现或象征会议精神的图案性标识，一般悬挂在主席台天幕中央，形成会场的视觉中心，具有较强的感染和激励作用。（　）

5. 会标的风格应当与会议的主题保持一致，应当醒目，具有视觉冲击力。（　）

三、技能实训题

菁菁饲料工业总公司是一家国有企业，年产200万吨“龙”牌系列饲料。再过一个月，就是该企业成立50周年的日子。为此，该公司决定举办一系列纪念活动，一方面回顾总结企业50年来走过的历程，继承和发扬艰苦创业的优良传统和精神；另一方面是研究确定下一步企业发展战略，寻求新的发展机遇。

在系列纪念活动中，公司安排了4次会议：

（1）庆典大会。邀请市领导、行业协会领导、新闻记者、有关专家、客户代表、退休老职工及企业员工代表等约300人出席。根据会议方案，主席台将安排3位市领导、2位行业领导、2位专家、1位客户代表、1位退休老职工、1位企业总经理和1位副总经理共11人就座。

（2）报告会。请2位专家讲授饲料行业的发展状况、新技术及国外发展现状等。会议规模为100人。

（3）企业发展战略研讨会。邀请研究院所、高等院校及行业机构的专家、学者（共10人），金融界人士（共15人）与企业中层以上领导干部（共15人）共同研讨企业下一步的发展战略，请专家为企业把脉，为企业发展开出处方。

（4）劳动模范座谈会。拟邀请企业内各级劳动模范（共11人），与企业党政领导（共4人）、工会主席（1人）进行座谈，回顾创业历程，听取劳动模范对企业发展的意见和建议。

根据公司的安排，这 4 次会议的会场布置均由公司秘书小章负责。假如你是小章，请本着节俭办会的原则，布置会场并达到如下要求：庆典大会会场要热烈、隆重，报告会会场要庄重、美观，研讨会会场要庄重、舒适，座谈会会场气氛要轻松、令人愉悦。

项目评价

项目实施评价表

评价项目	评价任务	评价关键点	满分	自评分	互评分	教师评分
布置会场	确定会场布局	能根据会议选择会场布局	10			
		能画出会场布局形式	10			
	安排座次	能安排主席台人数为单数和双数时的座次	10			
		能安排场内座次	10			
	布置会场环境	能装饰主席台	10			
		能装饰会场背景	10			
		能正确选择会场的色调	10			
		能正确选择会场花卉	10			
学习态度		学习态度端正、上课积极发言、能积极实践技能	5			
职业素养		动手操作能力强	5			
		善于积累知识	5			
		善于倾听、能够独立思考	5			
总　分			100			
总　评						

注：总分65分为合格，75分为良好，85分及以上为优秀。

项目六
安排食宿、车辆和礼仪服务

项目概述

安排会议饮食、住宿、车辆、礼仪服务是会前准备工作的重要内容之一，是会议达到预期目的和取得成功的重要条件。尤其对于大中型外部会议而言，安排好饮食、住宿、车辆、礼仪服务有助于提升企业形象。

本项目包括安排会议饮食、住宿、车辆、礼仪服务四个工作任务。通过学习，我们将学会安排食宿车辆和礼仪服务的技能，并掌握相关知识。

学习目标

技能目标

1. 能安排会议饮食
2. 能安排会议住宿
3. 能安排会议车辆
4. 能安排会议礼仪服务

知识目标

1. 了解会议饮食安排的要求
2. 掌握会议住宿地点选择的要求
3. 掌握会议房间分配的要求
4. 掌握会议车辆停放管理的要求
5. 掌握会议礼仪服务的要点

任务一 安排会议饮食 Task 1

任务情境

大宇公司2013年度全国销售表彰大会即将举行，办公室主任王浩要求助理赵亮安排好与会人员的饮食。

任务要求

根据会议主题安排与会人员的饮食

任务实施

根据任务情境，按照下列步骤实施任务，并填写表格。

第一步	确定就餐标准和形式	理由
第二步	确定就餐地点和时间	理由
第三步	预订餐厅，制发就餐凭证	要求
第四步	确定菜单，领导审批	注意事项
第五步	餐前检查	检查事项
第六步	餐后反馈	反馈事项

相关知识

一、会议饮食安排的程序

1. 制订会议饮食安排方案

会期较长的大型会议活动，要依据会议活动整体要求事先制订一套详细的饮食安排方案。方案需要确定的主要内容包括以下几个方面。

（1）就餐标准。就餐标准要分解到早、中、晚三餐的具体支出中。根据会议的经费和人员等情况确定会议餐饮的标准。一般主办方负责付费的会议餐饮，都要根据会议经费的预算情况，量入为出，制定统一的餐费标准；由与会人员自己付费的餐饮，会议一般要给予一定的补贴。

（2）就餐形式。就餐形式有围餐式、自助餐式、半自助餐式、分餐式等。就餐形式应根据会议的规模、性质、经费和时间来确定，提倡采取自助餐式和分餐式。一般性的会议除了开头和结尾的宴会采取包桌围餐式外，大多采取自助餐的方式。自助餐方便、卫生、节约。根据会议目的、出席人员的身份和人数的多少，还可将宴请分为酒会、正式宴会、便宴、工作餐、冷餐会、茶会等。

（3）就餐时间。就餐时间一般要根据会议活动的作息时间综合考虑。应事先与提供餐饮的单位确定就餐时间。

（4）就餐地点。需事先确定就餐地点。如果人数较多时，要多安排几个就餐地点。

（5）就餐凭证。凭就餐券入场还是凭会议证件入场就餐，就餐的凭证应事先确定并设计好。

（6）就餐人员组合方式。就餐时是自由组合还是按会议活动编组的方式组合要事先确定。

（7）保证饮食安全的具体措施。

2. 选择餐厅

餐厅的选择主要考虑以下几点。

（1）餐厅大小。要考虑餐厅是否能够容纳会议活动的所有就餐人员。就餐人员应包括与会人员和工作人员两部分。

（2）距离。要考虑餐厅与会场和与会人员住地之间的距离是否适当，要方便抵达。

（3）卫生条件。要考虑餐厅是否达到规定的卫生标准。

（4）饭菜品种。要考虑饭菜菜系品种是否多样化。

（5）饭菜质量。要考虑饭菜质量能否满足要求。

（6）价格。要考虑饭菜价格是否合理。

3. 制发就餐凭证

就餐凭证一般分为两种：一是会议证件；二是主办方专门印制的会议活动就餐券。

4. 统计就餐人数

就餐人数应包括与会人数和工作人员人数。可采用两种方法统计：一是根据会议签到的实际人数；二是分组统计，综合汇总。

5. 确定菜单

菜单的拟定首先应根据就餐的形式及经费预算来安排，坚持“餐饮适量”的原则；其次要看对象、讲搭配、有新意。要事先与餐厅一起商定一份科学、合理的菜单。

6. 餐前检查

就餐前，要对饭菜份数、质量、卫生状况等进行必要的检查，发现问题，要及时纠正或调整。

7. 餐后反馈

与会人员就餐后，会务工作人员要注意听取他们对饭菜质量以及餐厅服务态度的意见，以便督促餐厅及时改进提高服务质量。

二、会议饮食安排的要求

1. 规格适中

会议活动中的饮食要根据经费预算安排，就餐标准应当由会议活动的领导机构确定，应坚持勤俭节约的原则。一般应事先制订饮食安排方案，经领导批准后再具体安排。

2. 卫生安全

要参照食品卫生的有关要求和规定，采取有力措施，实施严格管理，确保就餐安全，保证会议活动的顺利进行和圆满结束。

3. 不违反饮食禁忌

与会人员可能来自不同地区、不同民族，其饮食习惯差别较大，因此菜单设计要考虑到地域饮食文化和民族习俗，了解与会人员的饮食习惯、喜好与禁忌。与会人员中如有少数民族代表、外宾或其他有特殊饮食要求的代表，要特殊照顾，尽可能满足他们的需要。对待客人的饮食禁忌要慎重对待，不可马虎。规模较大的会议，要注意不选择多数人不喜欢的菜肴。

4. 品种多样

准备的菜肴要从荤素、凉热、咸甜、干稀等诸方面统筹安排。原料选用广泛化，注重营养平衡和色彩的变化；烹调方法多样化，使菜肴品种丰富多彩；味道多样，避免单一化；造型美观，尽量使每道菜肴做到色、香、味、形俱全。

5. 体现地方特色

会议活动在某种意义上也是对当地饮食文化的一种宣传，以地方菜系为主，是宣传当地饮食文化的好办法。在尊重与会人员喜好、照顾其风俗习惯的前提下，尽可能安排具有地方特色的菜肴，有助于会议活动更加成功地举办。

6. 配合季节

菜式必须与季节密切配合，尽量采用当季的材料，以给人一种新鲜的感觉，使人吃得舒服。一要配合季节特征设计宴会菜肴的口味，以迎合季节变化对人的味觉及视觉的影响；二要结合季节特征设计宴会菜肴，既可以反映时令特色，又可以降低食物成本。

7. 道数分量合适

菜肴的道数与分量是指菜肴总数及每一道菜的分量。确定菜肴的道数与分量要考虑四点：一要适中，适当的道数分量往往能使客人满意且回味无穷，过多则造成浪费、留下不良印象，过少则不够礼貌；二要看人数，即每桌就餐的人数，菜肴道数应与就餐人数基本一致，人多菜肴道数与分量应相应增加，反之适量减少；三要平衡，要注意道数与分量的平衡，道数少则每道菜的分量要多一些，反之则可适当少些；四要关注就餐者的来源地，来自小城市的与会人员对菜肴数量的需求比大中型城市的多，中西部地区的与会人员对菜肴分量需求比沿海城市的要大。

8. 供应及时

规模大、用餐人数多的会议，拟制菜单时应考虑烹调时间、菜肴保温以及服务准备的时间。

巩固训练

浙江省××市职成教中心学校邀请华东师范大学徐教授带领的专家团队于2014年9月6—7日来校开发4个重点专业的课程，同时每个专业也各邀请了12位企业一线技术骨干于9月6日来校进行专业工作任务与职业能力分析。学校办公室陈主任让助理小陆安排本次会议饮食。假如你是学校办公室助理小陆，你将怎样安排与会人员的饮食？

职业技能鉴定指导

一、知识技能要点

1. 知识要点：饮食安排的要求
2. 技能要点：能够安排会议饮食

二、模拟训练

（一）单项选择题

1. 制订会议饮食安排方案一定要事先确定（　　）。

A. 菜单　　B. 就餐标准和进餐形式　　C. 就餐的座位　　D. 就餐者的口味

2. 一般性的会议除了开头和结尾的宴会采取包桌围餐外，大多采取（ ）的方式。

A. 围餐式　　B. 自助餐式　　C. 分餐式　　D. 半自助餐式

3. 会议餐厅的选择应该主要考虑餐厅大小、距离、卫生条件、饭菜品种、饭菜质量、（ ）等因素。

A. 设备实施　　B. 厨师水平　　C. 价格　　D. 服务态度

（二）多项选择题

1. 安排会议饮食有道数分量合适、供应及时、（ ）等要求。

A. 规格适中　　B. 卫生安全　　C. 不违反饮食禁忌

D. 品种多样　　E. 体现地方特色

2. 就餐前，要对饭菜（ ）等进行必要的检查，发现问题，要及时纠正或调整。

A. 分量　　B. 质量　　C. 卫生状况　　D. 品种

3. 根据会议目的、出席人员的身份和人数的多少，会议宴请形式可分为（ ）。

A. 酒会　　B. 正式宴会　　C. 便宴

D. 工作餐　　E. 茶会

（三）判断题

1. 规模大、用餐人数多的会议，拟制菜单时应考虑烹调时间、菜肴保温以及服务准备的时间。（ ）

2. 餐饮的菜色必须与季节密切配合，尽量采用当季的材料，以给人一种新鲜的感觉。（ ）

3. 与会人员可能来自不同地区、不同民族，其饮食习惯差别较大，菜单设计要考虑到地域饮食文化和民族习俗。（ ）

4. 与会人员就餐时仅可凭会议证件进入餐厅就餐。（ ）

5. 不论开会人数多少，就餐地点应集中在一个地方。（ ）

三、技能实训题

1. 2014学年即将开始，××市教育局于2014年8月20日召开教育行政工作会议，会期一天，参会对象是：直属学校正副校长、书记，直属单位党政正副职领导，乡镇（街道）教辅室主任、书记，"三中心"学校正副校长、书记，城区中小学校校长、书记，完小校长，乡镇（街道）中心幼儿园园长、省二级以上幼儿园园长，乡镇（街道）兼职督学，基层教育工会主席，外来务工子女学校校长，局机关、教师进修学校中层以上干部，普职教研室全体教研员等，共200人。假如你是会议餐饮安排的负责人，你将如何安排此次会议的餐饮？

2. 2014年9月18—19日宁波市职教教研室旅游专业教研员组织召开旅游专业高职技能考前培训、微课比赛暨理事会议，会议地点是余姚市职成教中心学校，参加会议的对象为：旅游专业教学研究协会理事成员、微课比赛教师、各校旅游专业高职考试负责教师，共35人。如果你是该校餐饮安排的负责人，你将如何做好这次会议的餐饮安排工作？

任务二 安排会议住宿

Task 2

任务情境

大宇公司 2013 年度全国销售表彰大会如期进行，办公室主任王浩要求助理赵亮安排好与会人员的住宿。

任务要求

安排与会人员住宿

任务实施

根据任务情境，按照下列步骤实施任务，并填写表格。

第一步	收集会议住宿宾馆信息	收集渠道
第二步	考察会议住宿宾馆	考察内容
第三步	确定会议住宿宾馆，提请领导批准	理由
第四步	预订会议住宿宾馆	要求
第五步	统计会议住宿人数	统计渠道
第六步	分配房间	理由

相关知识

一、住宿安排的程序

1. 制订住宿安排工作方案

大型会议活动的住宿安排需要事先制订工作方案，工作方案内容一般包括所住宾馆的地点、规格、费用、房间分配原则等。

2. 统计住宿人数

住宿人数的统计可分为两步：第一步是根据会议通知或邀请函的回执、报名表、申请表统计到会的大致人数，并据此统计房间数量；第二步是统计实际报到的人数，这一数字比较准确，是最后落实房间和床位的依据。住宿人数应当包括需要住宿的记者、与会人员及其随行人员、会务工作人员的人数。

3. 分析与会人员的情况

在预订和分配房间之前，还要仔细分析与会人员的基本情况，如与会人员的性别、年龄、职务、职称、专业及生活习惯、相互关系等。一般情况下，应当适当照顾女性、年长者和职务较高者。

4. 确定预订房间的数量

预订房间的数量既要考虑与会人员的人数和他们的具体情况，同时也要考虑会务管理和服务的实际需要。例如，有时会务工作部门需要在宾馆设立值班室或临时办公室；与会人员需要在宾馆内举行会见、会谈，就应当预订若干会客室；如果分组讨论的地点安排在宾馆内举行，还应预订适当数量的会议室。

5. 落实宾馆和房间

落实宾馆和房间除了注意上面提出的几点外，还要考虑以下几点。

（1）该宾馆房间数量能否容纳会议活动的住宿人数。如果是大型会议活动，住宿人数较多，一个宾馆容纳不下，还要预订多个宾馆，但这些宾馆之间的距离要尽量近，距离太远会给会务管理和服务工作带来诸多不便。

（2）房间是否集中。房间过于分散不便于会务管理和服务。

（3）房间内的生活设施是否齐全并且完好。

（4）房间价格是否合理。

（5）适当多预订房间，留有一定的余地，以便遇到特殊情况时可以随时调剂。

（6）会议主办方统一订房，一般要与饭店一方签订合约，合约内容通常包括使用日期、订金数目、房价等相关内容。

6. **分发房卡**

与会人员办理报到手续并确认房间后，工作人员应当将房卡同其他会议文件一并交付，同时告知房卡退还的方式。

二、住宿安排的要求

1. **住地相对集中**

住地相对集中的好处有二：一是有助于会议期间的信息沟通和事务联系，从而有利于加强会议的组织与管理；二是有助于休会期间与会人员直接进行非正式的沟通和交流。

2. **住地距离会场较近**

会议活动的住地要尽量靠近会场，最好是会场和住宿在同一个宾馆，这样既可以方便与会人员，又可以节省会议时间和交通费用。

3. **住地设施齐全，确保安全**

住地的生活设施要齐全；消防和安全设施的性能要可靠，确保住地安全。

4. **合理分配房间，照顾特殊**

房间的分配有时较为敏感，因此要事先制定一套较为合理的房间分配标准。职务和身份相同的与会人员，其住房标准要大体一致，以免产生误解。自费参加会议并对房间有特别要求的，应当尽可能满足其要求。

5. **住宿规格适中，勤俭节约**

在会议活动费用中，住宿费用往往占很大比例，因此，勤俭办会的关键之一就是尽量节省住宿费用。要根据会议的实际需要来确定所住宾馆的规格，不要盲目追求高规格，动辄预订豪华宾馆。

三、会议住宿房间的分配

如果由主办方支付费用的，在安排具体住宿时，一般要根据与会人员职务、年龄、健康状况、性别和房间条件综合考虑，统筹安排。

1. **嘉宾与主办方领导应特殊安排**

嘉宾和主办方领导的住宿要特殊安排，以体现对其的尊重，保证其精力充沛地参会。

2. **照顾女性、年长者和职务较高者**

女性、年长者与职务较高的与会人员一般应予以照顾，尽量安排到向阳、通风、卫生条件较好的房间。

3. **注意民族禁忌**

尽量不要把汉族与会人员和有禁忌的少数民族与会人员安排在同一房间。民族风俗习惯相似的与会人员可同住一间。

4. 方便沟通

如果安排两人一间房，专业相同或相近可住一间，有利于他们之间进行沟通与交流。如果与会人员有随行人员，可将他们安排在一起或相邻的房间，以便于他们开展工作（有专门规定、不同性别的情况除外）。

巩固训练

徐教授带领的专家团队于2014年9月6日—7日对浙江省××市职成教中心学校的四个重点专业进行项目课程开发，他们告诉学校办公室陈主任，他们9月5日和9月6日需要安排住宿。办公室陈主任要求助理小陆预订房间。如果你是小陆，你将如何操作？

职业技能鉴定指导

一、知识技能要点

1. 知识要点：住宿安排的要求
2. 技能要点：能够安排会议住宿

二、模拟训练

（一）单项选择题

1. 会议主办单位统一订房，一般要与饭店一方签订合约，合约内容通常不包括（　）。

A．使用日期　B．订金数目　C．房价　D．会议内容

2. 大型会议活动的住宿安排需要事先（　），内容一般包括所住宾馆的地点、规格、费用、房间分配原则等。

A．制订工作方案　B．确定宾馆　C．确定价格　D．确定房间的数量

3. 住宿人数的统计第一步是根据会议通知或（　）、报名表、申请表统计到会的大致人数，并据此预算预订房间数量。

A．签到表　B．邀请函的回执　C．便函　D．海报

（二）多项选择题

1. 会议住宿的要求是（　）。

A．住地相对集中　B．住地距离会场较近

C．住地设施齐全，确保安全　D．合理分配房间，照顾特殊

E．住宿规格适中，勤俭节约

2. 落实宾馆和房间，应考虑（　）。

A．房间是否集中　B．房间价格是否合理

C．适当多预订房间　D．分析与会人员的情况

3. 确定房间数量和规格的最主要方法或依据是（　）。

A．统计发出邀请函的数量　B．电话统计

C．统计会议回执数量　D．会议经费预算

（三）判断题

1. 会议实际报到的人数是最后落实房间和床位的依据。(　)

2. 与会人员如果有随行工作人员，可将他们安排在一起或相邻的房间，以便于他们开展工作，但有专门规定或不同性别的情况除外。(　)

3. 会议活动的住地要尽量靠近会场，最好是会场和住宿在同一个宾馆，这样既可以方便与会人员，又可以节省会议时间和交通费用。(　)

4. 住宿人数不应当包括需要住宿的记者、与会人员随行人员以及会务工作人员的人数。(　)

5. 贯彻勤俭办会的原则，关键之一是尽量节省住宿费用。(　)

三、技能实训题

1. 广东大丰实业集团有限公司 2014 年度全国代理商表彰暨成立十周年庆典会议定于 12 月 25—27 日于 ××× 度假村举行，与会人员有 80 人。办公室主任把安排会议住宿的任务交给秘书小刘，要求他从住宿安排的程序、地点选择、住宿房间分配三方面做好该项工作。如果你是小刘，应该怎么做?

2. ×× 市丰华热水器有限公司 2014 年度全国代理商表彰会议，定于 10 月 4—5 日在 ×× 市龙湖度假村举行。×× 市丰华热水器有限公司负责所有会议住宿事宜。据回执单反馈，有 2 位与会人员是回族，有 1 位晚上打鼾严重，有 1 位级别较高者要求住商务套房。作为会务工作人员，你怎样分配会议住宿房间?

任务三 安排会议车辆 Task 3

任务情境

大宇公司2013年度全国销售表彰大会最后定于2013年12月19—21日举行，12月19日下午与会人员将陆续报到。为了把来自全国各地的与会人员接到××宾馆，办公室主任王浩要求助理赵亮做好会议车辆的安排。

任务要求

安排会议车辆

任务实施

根据任务情境，按照下列步骤实施任务，并填写表格。

第一步	了解会议用车情况	了解渠道
第二步	筹齐会议用车	方式
第三步	合理安排会议车辆	理由
第四步	管理停放车辆	原则、形式及方法

相关知识

会议交通服务是对会议车辆进行科学调配和管理，以保证会议用车的工作。它直接关系到与会人员的集体活动、会议组织的工作需要，会议工作人员应引起高度的重视，否则就不能满足会议需要，可能影响会议的正常活动，甚至会造成会议失败的严重后果。特别是对于大型会议而言，与会人员的住地若和会场不在一起，更要合理安排会议期间的交通。

一、安排会议车辆的程序

1．筹齐会议用车

如车辆不够，可调用其他单位的车辆或租用车辆。会议用车可采用调用或租用车辆的方式。会议车辆的调（租）用须严格遵循合理和必要的原则，做到既保证会议用车，又符合节俭的原则。

2．拟定用车制度

办会要事先拟定用车制度。会议用车或会议工作机构用车需按用车制度进行，要提前预订，并履行必要的审批手续。与会人员办理与会议无关的公务和私人事务时不提供会议用车，与会议无关的游览、参观等活动的交通费由个人自理。

3．合理安排车辆

合理安排车辆确保会议进程按计划实施。要根据人员多少安排车辆，一般应配备轿车；如果人员较多，则应当调换相应的旅行车。会议用车既要防止车辆过多造成不必要的浪费，又要避免人员过多无车可用。因此，会议秘书部门要会同后勤部门对所配车辆严格检查，安排好会议交通车辆。用车能固定的尽量予以固定，既要保证与会人员按时到会，又要注意方便节约，保证行车安全。

4．管理驾驶人员

会议用车调度人员要及时把用车调度一览表发给每一位司机，并且应该在每天开始工作前，向司机再确认一次当天的用车情况，特别是原有的用车安排出现变化时，一定要当面向司机交代清楚。如果车上配备了会议接待人员，司机一般应听从接待人员的安排。当然，有经验的司机也可向接待人员提供一些良好的建议。如果是涉外接待，对未接待过外宾的司机还要进行适当的培训。租用汽车的随车司机由出租单位发给伙食补助费或夜餐费。另外还要注意合理安排司机的工作时间，不应任其疲劳驾驶以免发生事故。

5．维修保养车辆

对会议用车要及时维修和保养，保证汽油供应。会议租车和主办方调用本单位车辆的，需支付汽油费。

6．处理意外事故

出现意外事故，应采取相应措施予以应急处理。

二、会议车辆的停放管理

会议车辆的停放管理，主要是指挥到会车辆的集结与疏散，维护停车秩序，保证行车安全与畅通。秘书人员可从以下三个方面，协助相关领导或保安做好车辆的停放工作。

1. 控制停车场地

根据会议的性质和规模，充分估计车辆情况，如车类、车型、车数、领导和外宾车辆等。执行任务之前，预先控制所需场地，按照分类停放、注意礼节、保证重点、照顾一般的原则，划分停车区域，确定停车办法，制定来去的行驶路线。要控制停车场地，在车辆停放时还应坚持“五先五后”的原则：先外宾，后内宾；先重点，后一般；先小车，后大车；先车队，后单车；先来停近，后来停远。

2. 指挥停车形式

指挥停车要因地制宜，采用恰当的形式。一般可采取三种形式停车：一是停车场地狭窄，乘车人又需要在会场门前下车，就要指挥车辆在会场门前停车下客，待客人下车后，立即指挥车辆到指定地点停放；二是会场门前停车场地宽阔，可指挥车辆进入停车场地停车，客人再下车；三是领导、外宾活动场所门前不便停车，就事先在附近选择临时停车场地，待领导、外宾下车后，再指挥车辆到指定地方停放。

3. 停排车辆方法

为了缩短车辆停放时间，应争取一次性停好，集结要快，保证疏散方便，安全畅通，符合礼仪。车辆停放应根据停车场的具体情况灵活安排，以下五种停排方法比较常见。

（1）横排停放。齐头平列，单横排停放，适用于车辆集中来、分散走，分散来、分散走的各种晚会和展览会。这种会议活动因小车多，所以宜采取此种办法。本方法不仅便于随时调车，保证与会人员分散退场，停车也安全、迅速，便于集结，便于疏散。有条件的场地应首先考虑采用这种方法。

（2）纵列停放。头尾相衔接，纵列依次停放，适用于车辆集中来、集中去的各种会议，如有会议代表乘坐的大车队和领导、外宾活动的小车队的会议或宴会、欢迎会等。采用这种办法能够保证车辆在散场时依次离开。

（3）斜排停放。车头向着出车的方向斜排停放，适用于停车场地狭长，又紧靠建筑物的场合或在道路两侧停放车辆。有时外宾车队为了美观也采用这种停车方法。

（4）方阵停放。车辆横直数排成行停放，适用于车辆集中来、集中去的大型会议。在车辆多、场地小或场地短而宽的情况下，可采用这种停放方法。

（5）重点车辆与一般车辆分离停放。这种方法适用于主要领导和主宾车辆单排，与一般车辆停放要分离，照顾重点、兼顾一般。

巩固训练

徐教授带领的专家团队共5人，于9月5日乘G7583，到余姚北站为18:18；余姚北站到专家团队入住的宾馆大约有半小时的车程；9月6日上午专家团队从宾馆出发，乘车到浙江省××市职教中心学校，车程约5分钟；9月7日，工作分析会结束后，他们乘D3208返程，发车时间为15:06。学校办公室陈主任通知小陆负责落实校车接送，及时做好徐教授专家团队的接送工作。假如你是办公室助理小陆，你将怎样安排会议用车？

职业技能鉴定指导

一、知识技能要点

1. 知识要点：无
2. 技能要点：能够安排会议车辆

二、模拟训练

（一）单项选择题

1. 车辆集中来、分散走，分散来、分散走的各种晚会和展览会的停排车辆办法为（　）。

A．方阵停放　B．横排停放　C．纵列停放　D．斜排停放

2. 筹集会议用车，可（　）。

A．调用工作人员私家车　B．让承办会议的酒店免费提供车辆

C．租用车辆　D．其他

3. 会议用车要根据人员多少安排车辆，一般应配备（　）。

A．旅行车　B．轿车　C．越野汽车　D．客车

（二）多项选择题

1. 会议停排车辆方法为（　）。

A．斜排停放　B．方阵停放

C．重点车辆与一般车辆分离停放　D．横排停放

E．纵列停放

2. 在车辆停放时坚持“五先五后”的原则，即（　）。

A．先内宾，后外宾　B．先重点，后一般

C．先大车，后小车　D．先车队，后单车

E．先来停近，后来停远

3. 属于会议用车安排程序的是（　）。

A．筹齐会议用车　B．处理意外事故　C．管理驾驶人员　D．合理安排车辆

E．维修保养车辆　F．拟定用车制度

（三）判断题

1. 筹齐会议用车可采用调用或租用车辆的方式。（ ）

2. 车辆横直数排成行停放，适用于车辆集中来、集中去的大型会议；在车辆多、场地小或场地短而宽的情况下，可采用方阵停放方法。（ ）

3. 头尾相衔接，纵列依次停放，适用于车辆集中来、集中去的各种会议。（ ）

4. 领导、外宾活动场所门前不便停车。（ ）

5. 停车场地狭窄，乘车人又需要在会场门前下车，就要指挥车辆在会场门前停车下客，待客人下车后，立即指挥车辆到指定地点停放。（ ）

三、技能实训题

1. ×× 职业学校与德国 ×× 大学职业教育和继续教育学院达成了德国 IHK 职业资格证书教育合作项目。2014 年 6 月 14 日，德国专家来校商谈合作项目，提出由该校安排车辆去上海 ×× 宾馆接德国专家，德国专家于 2014 年上午 9: 00 在 ×× 宾馆大厅等候。该校安排驾驶员王师傅去接，王师傅于当天早上 6: 00 出发，但到上午 9: 30 还没有到 ×× 宾馆，这时德国专家打电话给该校的领导。如果你是负责安排车辆的人，应如何避免这样尴尬的事情?

2. 为认真落实《国家中长期教育改革与发展规划纲要（2010—2020 年）》及市委、市政府的工作要求，把推进教育现代化作为今后的中心任务，全面总结 2013 学年度教育工作，部署 2014 学年度教育的各项任务，×× 市教育局于 2014 年 8 月 20 日在 ×× 市职教中心学校召开教育行政会议，会期为一天，参会对象是：直属学校正副校长、书记，直属单位党政正副职领导，乡镇（街道）教辅室主任、书记，“三中心”学校正副校长、书记，城区中小学校校长、书记，完小校长，乡镇（街道）中心幼儿园园长，省二级以上幼儿园园长，乡镇（街道）兼职督学，基层教育工会主席，外来务工子女学校校长，局机关、教师进修学校中层以上干部，普职教研室全体教研员，共 563 人。据不完全统计，70% 及以上的与会人员开着私家车来开会，因此，车辆停放管理显得尤为重要。如果你负责本次会议车辆停放工作，你将怎么维护停车秩序，保证行车安全与畅通?

任务四 安排会议礼仪服务

Task 4

任务情境

大宇公司2013年度全国销售表彰大会从报到、会议召开、人员返程等方面都需要礼仪服务。办公室主任王浩安排助理赵亮负责礼仪服务的安排工作。如果你是赵亮，你将如何做？

任务要求

安排会议礼仪服务

任务实施

根据任务情境，按照下列步骤实施任务，并填写表格。

第一步	选择礼仪服务人员，制作名单	礼仪服务人员来源
第二步	分解工作程序	各环节要求
第三步	培训会议服务人员	培训内容
第四步	准备服装用具	要求
第五步	会议礼仪执行	要求

相关知识

会议礼仪服务工作一般包括会议礼仪服务人员的选择召集、分解工作程序、培训会议礼仪服务人员、准备服装用具、执行礼仪等。不同的会议对礼仪服务有不同的要求。在会议期间，要把港澳台同胞和宗教界人士作为礼仪人员重点服务的对象。

1. 选择召集人员

（1）从组织内部的员工中选择有经验、素质好、气质佳的人员。

（2）聘请专业礼仪公司或礼仪人员承担会议主要的礼仪服务。专业公司和人员有丰富的经验、专业的知识、正规的工作程序，服务的质量会比较高。

2. 分解工作程序

对礼仪服务人员进行分工，接站、签到、引领等各个环节都应有相应的礼仪服务人员。

3. 培训会议礼仪服务人员

培训内容包括：

（1）会议工作的宗旨和合作精神；

（2）会议礼仪知识和工作技能；

（3）会议的设备和用品的使用常识。

4. 准备服装用具

（1）服装。礼仪服务人员的服装应统一并且与会场环境协调。

（2）鲜花。要根据会议的实际情况确定是否准备鲜花等物品。迎接一般的与会人员不需要献鲜花。对于应邀而来的贵宾不应省去献花这一礼节，而且必须用鲜花。不要选择黄色、白色的菊花，因为那是丧礼上的用花。不同国家对于花语有各自的约定俗成的理解，如果是迎接外宾，就要根据来宾所在国的习俗选择鲜花，注意不要触犯禁忌。

5. 执行礼仪

（1）迎宾。对远道而来的来宾，要做好接站工作。要掌握来宾到达的时间，保证提前等候在迎接地点。接站时还要准备一块迎客牌，上书“欢迎（恭迎）× ×× 代表团”、“欢迎 ××× 先生（女士）”或“××× 接待处”等，同时，要高举迎客牌，以便来宾辨认。如果来宾直接到会场开会，这时迎接人员应统一着装，按照迎宾地点站位，15 度鞠躬。上身要以腰为轴前倾，不可驼背；眼睛要随着身体的前倾而向下看，不可翻着眼睛看来宾；鞠躬的同时不说话，鞠躬礼毕再向来宾问候。

（2）介绍。接到来宾后，应热情问候来宾，说“欢迎你们，一路辛苦了！”、“欢迎您的光临”等问候的话，主动帮助来宾提拿行李，并互相介绍双方成员。接待人员在介绍时，应先说“请允许我介绍一下”，然后按地位高低，将己方成员依次介绍给来宾。

（3）乘车。要先让来宾上车，上车时让来宾从右侧门上，主人从左侧门上。接待人员关车门时应先看车内人员是否坐好，既要注意不要挤伤来宾的手，又要确保将门关好，保证安全。下车时，陪同的接待人员要先下车，打开车门，帮来宾下车。乘车的座次安排通常有以下三种情况：第一种，乘坐双排、三排座的小型轿车。如果由主人亲自驾驶，一般前排座位为上座；如果由专职司机驾驶，座位通常以后排为上座，以右为尊。第二种，乘坐多排座的中型轿车。无论由何人驾驶，座位均以前排为上座，以右为尊。第三种，乘坐轻型越野车。不管由谁驾驶，其座次尊卑排序依次为副驾驶座、后排右座、后排左座。

（4）引领。国际通行的礼仪是以右为尊，接待人员应该走在来宾的左前方一两步引路，同时用手示意，并明确告诉来宾将去什么地方，如，可以说："我们现在去乘车，就在离这里不远的停车场。请跟我来。"

（5）出入电梯。出入有人控制的电梯，接待人员应后进去后出来，让来宾先进先出。出入无人控制的电梯时，接待人员应先进后出并控制好开关钮。

（6）上下楼梯。上楼时，女士在前，男士在后；长者在前，幼者在后。这样做以示尊重。下楼时，男士在前，女士在后；幼者在前，长者在后。此为安全考虑之故。

（7）进门。如果门是朝里开的，接待人员应先入内拉住门，侧身站立，再请来宾进入；如果门是朝外开的，接待人员应打开门，请来宾先进；如果陪同上级或来宾走的是旋转式大门，应自己先迅速过去，在另一边等候。无论进出哪一类门，接待人员在接待引领时，一定要手、口并用且礼仪到位，即运用手势要规范，同时要说"您请"、"请走这边"、"请各位小心"等提示语。

（8）安排会议室的座次。会议室座次安排通常依照面门为上、以右为尊的原则。

（9）送客。接待人员需要帮助送客，要先提醒来宾检查有无东西落下。一般应将其送到会场门口，并挥手告别。

巩固训练

浙江省××市职成教中心学校于2014年9月6日—7日邀请了徐教授带领的专家团队来校做四个专业的项目课程开发，同时也邀请了四个专业各12位企业一线技术骨干于9月6日来校进行专业工作任务与职业能力分析。学校办公室陈主任要求助理小陆负责会议礼仪服务的安排工作。假如你是办公室助理小陆，你认为会议期间应该做好哪些礼仪服务工作？

职业技能鉴定指导

一、知识技能要点

1. 知识要点：会议服务礼仪要点
2. 技能要点：能够安排会议礼仪服务

二、模拟训练

（一）单项选择题

1. 如果对培训会议礼仪服务人员进行培训，下列不属于培训内容是（　）。

A．会议工作的宗旨和合作精神

B．会议经费和安全工作安排

C．会议礼仪知识和工作技能

D．会议的设备和用品的使用常识

2．会议室座次安排通常依照面门为上、以（　）的原则。

A．右为尊　　B．左为尊　　C．北为尊　　D．南为尊

3．（　）无论由何人驾驶，座位均以前排为上座，以右为尊。

A．小型轿车　　B．大型客车　　C．吉普车　　D．多排座的中型轿车

（二）多项选择题

1．在会议期间，礼仪人员重点服务的对象包括（　　）。

A．携带贵重物品者　　B．港澳台同胞

C．宗教界人士　　D．携带重要文件者

E．轻型越野车

2．上楼时，（　　），以示尊重。

A．女士在前，男士在后　　B．长者在前，幼者在后

C．男士在前，女士在后　　D．幼者在前，长者在后

E．男士在前，幼者在后

3．会议礼仪工作一般包括（　　）等程序。

A．准备服装用具　　B．选择召集人员

C．培训会议礼仪服务人员　　D．分解工作程序

E．执行礼仪

（三）判断题

1．如果门是朝里开的，秘书应先入内拉住门，侧身站立，再请来宾进入。（　）

2．出入有人控制的电梯，接待人员应后进去后出来，让来宾先进先出。出入无人控制的电梯时，接待人员应先进先出并控制好开关钮。（　）

3．礼仪服务人员的服装应统一，并且与会场环境协调。（　）

4．国际通行的礼仪是以右为尊，迎宾人员应该走在来宾的左前方一两步引路，同时用手示意。（　）

5．用于会议接待的小型轿车，如果由专职司机驾驶，一般前排为上，后排为下。（　）

三、技能实训题

2014年9月9日下午3点，××市教育局的局长邀请名师20名在××学校的行政楼四楼会议室召开座谈会。校长让办公室主任安排接待人员到门口迎接与会人员，请其坐电梯到学校行政楼四楼。接待人员还要将与会人员带到会议室，为其倒茶。请按照实际情况，演练迎接与会人员并引导其至会议室的礼仪。

项目评价

项目实施评价表

评价项目	评价任务	评价关键点	满分	自评分	互评分	教师评分
安排食宿、车辆和礼仪服务	安排会议饮食	能确定就餐标准、地点、形式、时间、菜单	10			
		能进行餐前检查及餐后反馈	5			
		能制发就餐凭证	5			
	安排会议住宿	能收集住宿宾馆信息	10			
		能统计住宿人数	5			
		能预订会议住宿的宾馆并合理分配会议房间	5			
	安排会议车辆	能确定会议用车的数量、大小	5			
		能筹集需要的车辆	5			
		能合理安排会议车辆	10			
	安排会议礼仪服务	能执行基本礼仪	20			
	学习态度	学习态度端正、上课积极发言、能积极实践技能	5			
	职业素养	举止得体、礼貌待人	5			
		办事谨慎、考虑周全，具有调查研究的能力	5			
		具有节约、安全意识	5			
总　分			100			
总　评						

注：总分65分为合格，75分为良好，85分及以上为优秀。

项目七 会前检查

Project 7

项目概述

会前检查是落实会议筹备工作，保证会议顺利进行的重要环节。会前检查的方法大致分为两种：一种是听取会议筹备工作人员汇报，另一种是进行会前现场检查。

本项目包括检查会议常用视听设备、检查会前准备工作两个任务。通过学习，我们将学会会前检查工作的技能并掌握相关知识。

学习目标

技能目标

1. 能对会议常用视听设备进行检查
2. 能对会前准备工作进行检查

知识目标

1. 了解会议视听设备的种类
2. 掌握会前检查的内容

任务一 检查会议常用视听设备

任务情境

大宇公司2013年度全国销售表彰大会准备工作就绪，离开会时间只有一天了，办公室主任王浩让助理赵亮去检查一下会议使用的话筒、投影仪、音响等视听设备是否已准备妥当。助理赵亮对这些会议视听设备不是非常熟悉，他向办公室主任王浩认真咨询了会议常用的视听设备的种类及检查视听设备的要点，感到受益匪浅。

任务要求

1. 确定本次会议所用视听设备
2. 检查本次会议视听设备的准备情况

任务实施

根据任务情境，按照下列步骤实施任务，并填写表格。

第一步	确定本次使用的视听设备	理由
第二步	检查、调试视听设备	要求
第三步	记录检查中出现的问题并及时解决	解决办法

相关知识

一、会议常用视听设备

当下，几乎所有类型的会议都会使用一定的视听设备来辅助演讲和现场发言、进行娱乐活动等。在会议中常用的视听设备有同声传译系统、发言讨论系统、音频视频会议系统、投影仪、幻灯机、投影屏幕、电视机、摄像机、音响设备等。

二、调试和检查会议视听设备

不论视听设备是由谁提供的，在会议开始前都应对其进行调试和检查。

尽管大多数报告人不需要或不要求进行预演，但是会议的承办者还是应在会议正式开始之前测试设备的使用情况，并熟悉会场。对于需要使用视听设备的会议，有必要事先对灯光调整和幻灯片放映等进行预演，以确保相关人员掌握操作方法。通过预演，也可能会发现有些幻灯片需要重新制作或修改，或者讲台、灯光、投影仪等需要重新布置。为了使会议的报告人能够更好地演示多媒体和电子白板上的文稿和图表，应为报告人准备激光笔或能伸缩的指挥棒。

远程会议对视听设备要求较高，因而更应该做好相关的调试和检查工作，要保证既能将主会场的画面和声音传给各分会场，又能把各分会场的信息反馈给主会场。远程会议设备最好安排专业技术人员进行调试、检测。会议期间要落实值班维修制度，及时解决技术上的故障，确保会议顺利进行。

在日常使用过程中一定要注意视听设备的使用及维护方法，以保证设备的正常使用寿命。

会议视听设备检查应关注的重点如下。

1. 电源及连线

对于会议中使用的视听设备，应该选用与之匹配的、标准化的、安全性能高的交流电源插头和插座。插拔电源插头、电缆接线时，最好使设备的电源处于关闭状态，以避免断电造成非正常关机。

2. 散热

视听设备在工作时会散发出热量，因此，应注意不要遮挡设备的通风口，以保证良好的散热。大部分视听设备正常操作的温度在 0 ~ 40℃，极端的温度会给设备使用带来负面影响，因此，移动设备时不能将其直接长时间曝露在阳光下，也不能将其放在被太阳晒得炙热的汽车里。

对于投影仪，一定要等风扇停转后再关电源开关，否则无法正常散热，造成投影仪的灯泡损坏。如果天气炎热且室内通风不好，可使用空调或风扇帮助其散热。

3. 清洁

要注意视听设备使用场所和存放地的环境卫生。视听设备使用一段时间后，会沾上灰尘或碎屑，应定期清洁，以降低设备的故障率。

在清洁时要切断电源，用微湿的布（只可用水打湿）擦拭设备外部；用干或稍含水分、不起毛的软布、小刷子，或用吸尘器等专用工具清洁设备内允许用户自行清洁的部件；不可拆除或接触的部分应请专业人员定期清洁维护。如果不慎将水溅到设备内，要关闭电源或取下电池，用微湿的软布擦拭设备机体，再用干的软布将机体擦干。

三、对视听设备的管理职责

由于视听设备价格往往比较昂贵，因此有必要派专人负责设备的使用和维护工作，登记设备的出入，正确操作设备以及保证设备在会场中的安全。在视听设备使用前，相应工作人员应检查全部电源，将需要用到的耗材准备好；要认真填写设备使用操作记录，操作过程中如设备出现异常现象时要做详细记录并及时进行维修。

有时，会议中的某些发言需要予以记录，制作成相应的音频或视频文件，在得到相关人员的书面许可后，工作人员应根据录制需要安放好录音笔、摄像机等设备。另外，工作人员还应准备一些应急的设备配件，如保险丝、空白透明幻灯片、备用照明工具及一些基本工具（如十字螺丝刀、一字螺丝刀、开口钳等）。

四、会议视听设备维修的注意事项

（1）会议承办者应在会前向设备供应商了解常见问题的具体解决程序。如果租赁的设备比较多，要提前向租赁公司问清其免费服务的范围和联系方式。

（2）相关人员应该有可用于请求紧急帮助的电话号码，以便与相关部门进行联络。如果会议过程中同时或先后出现了几处紧急情况，要判断应该先处理哪个问题。

（3）有些简单的设备故障（如灯泡报废等）可以由会议工作人员自行处理，因此，在可能的情况下，应该在会场准备一些备用的设备配件。

（4）发现较复杂的设备故障要及时请专业服务机构派人修理。有些设备出现故障时可考虑更换新的设备，等到会议结束后再进行修理。

巩固训练

浙江省××市职成教中心学校于9月6日—7日由华东师范大学徐教授带领的专家团队对电子技术应用、外贸英语、汽车运用与维修、财务会计4个重点专业进行工作任务与职业能力分析。开会前，学校办公室陈主任让助理小陆到各个会议室检查投影仪、话筒、摄像机等视听设备。假如你是助理小陆，你将怎样检查视听设备？

职业技能鉴定指导

一、知识技能要点

1. 知识要点：会议常用视听设备检查的内容和要求
2. 技能要点：能够检查会议常用视听设备

二、模拟训练

（一）单项选择题

1. 大部分视听设备正常操作的温度在（ ）。

A. 0～40℃　　B. 10～40℃　　C. 0～50℃　　D. 0～30℃

2. 会议正式开始前（　）必须测试视听设备的使用情况。

A. 会议主办方　B. 会议承办方　C. 报告人　D. 其他人

3. 为了使会议的报告人能够更好地演示多媒体和电子白板上的文稿和图表，应为报告人准备好（　）。

A. 白板磁钉　B. 茶水　C. 扩音设备　D. 激光笔或能伸缩的指示棒

（二）多项选择题

1. 下列不属于在会议中常用的视听设备有（　）。

A. 复印机　B. 投影仪　C. 幻灯机　D. 打印机

2. 视听设备的检查应关注的重点有（　）。

A. 电源及连线　B. 散热　C. 清洁

D. 修理　E. 清洗

3. 工作人员应在使用视听设备前做好（　）工作。

A. 检查全部电源　B. 准备好将需要用到的耗材

C. 填写设备使用操作记录　D. 出现异常现象时要做详细记录

E. 异常情况及时进行维修

（三）判断题

1. 不论视听设备是由谁提供的，在会议开始前都应对其进行调试。（　）

2. 发现较复杂的设备故障要暂停会议请工作人员修理。（　）

3. 插拔电源插头、电缆接线时，最好使设备的电源处于关闭状态。（　）

4. 视听设备使用一段时间后，会沾上灰尘或碎屑，应定期清洁，以降低设备的故障率。（　）

5. 不能将视听设备直接长时间曝露在阳光下，但可以将其放在被太阳晒得炙热的汽车里。（　）

三、技能实训题

1. 某新产品发布会上，经理正在用投影仪介绍产品时投影仪失灵。服务人员马上过去修理，但花了半小时都没有修好，经理只好不用投影仪。其间，由于专业内容多，不易理解，产品宣讲的效果十分不好，有的听众离开了会场，致使会议无法达到预期目标。请你分析为什么会出现这种现象，你认为应该采取何种措施来保证会议视听设备的正常使用?

2. 宏达公司准备在本市的江南大厦召开大型的新产品订货会。参加的人员有本单位及外单位人员。总经理让秘书部门负责安排会上电影资料的放映并进行产品操作演示。由于公司没有放映机，租借放映机的任务交给了总经理秘书刘小姐。会议开始的时间是8月10日上午10:00，而电影资料放映的时间是10:15。刘小姐打电话给租赁公司，要求租赁公司在10日上午9:45必须准时把放映机送到江南大厦会议厅。

10日上午，会议开幕前，宏达公司的秘书们正在紧张地做着最后的准备工作。刘小姐一看表，已经9:50了，放映机还没有送到。刘小姐马上打电话询问，对方回答机器已送出。眼看着各地来宾已陆续进入会场，刘小姐心急如焚。

假如你是刘小姐，对接下来可能发生的各种情况，你该如何处理?

任务二 检查会议准备工作

任务情境

大宇公司 2013 年度全国销售表彰大会准备工作就绪，离开会时间只有一天了，为确保筹备工作全面落实到位，各个环节不出纰漏，办公室主任王浩与助理赵亮应怎样进行会议现场检查？

任务要求

1. 能掌握会前检查的内容
2. 能对会前各项准备工作进行检查

任务实施

根据任务情境，按照下列步骤实施任务，并填写表格。

第一步	确定会前准备工作检查模块	理由
第二步	完成会前准备工作检查清单	要求
第三步	做好会前准备工作的监督	监督方式

相关知识

一次会议能否达到预期的效果，很大程度上取决于会前的准备工作。充分的会前准备工作是会议成功的先决条件，也是衡量秘书工作能力大小的重要标准。秘书在会前要向领导详细汇报会议筹备情况，汇报要有说服力，需要列出量化的数据。

一、检查会前准备

重要的会议在会前要进行反复检查，秘书可以依据会务准备工作检查清单，进行全面的会议准备检查。

会务准备工作检查清单样例

会议名称：　　　　　　　　　　　　　　　　会议起止时间：

<table>
<tr><th>序号</th><th>工作模块</th><th>工作任务</th><th>完成情况</th></tr>
<tr><td rowspan="3">1</td><td rowspan="3">确定会议时间、地点、与会人员</td><td>确定开会时间及天数</td><td></td></tr>
<tr><td>预订会场或会议室</td><td></td></tr>
<tr><td>确定与会人员类别及邮件发送地址</td><td></td></tr>
<tr><td>2</td><td>拟制会议议程和日程</td><td>拟制会议议程和日程</td><td></td></tr>
<tr><td>3</td><td>制发会议信息</td><td>制作会议通知，寄发会议通知，收齐会议回执，整理与会人员通信录</td><td></td></tr>
<tr><td>4</td><td>制作证件、指示标识等</td><td>制作代表证、会议横幅、主席台背板、欢迎牌、指引牌、座位牌（按与会人员名单一一核对）等</td><td></td></tr>
<tr><td rowspan="2">5</td><td rowspan="2">准备资料及用品</td><td>准备需要分发的资料如会议日程、会议须知、会议文件，准备会议用记录本、笔、矿泉水等</td><td></td></tr>
<tr><td>准备签字夹、打印机、接线板、A4打印纸、红头文件纸、笔记本电脑、资料袋、装订机及装订机钉子等</td><td></td></tr>
<tr><td rowspan="3">6</td><td rowspan="3">布置会场</td><td>布置主席台及安排主席台座次、安排台下座位</td><td></td></tr>
<tr><td>摆放欢迎牌、指引牌、座位牌，悬挂会议横幅</td><td></td></tr>
<tr><td>会场绿化布置整齐、美观，台面插花新鲜洁净、造型端庄</td><td></td></tr>
<tr><td rowspan="4">7</td><td rowspan="4">安排食宿、交通、礼仪服务</td><td>制作住宿安排表（包括与会人员住宿、领导住宿、工作人员住宿安排等），预订房间，妥善分配房间</td><td></td></tr>
<tr><td>安排用餐（包括与会人员用餐、领导用餐、工作人员用餐等），确定用餐形式</td><td></td></tr>
<tr><td>筹集会议用车</td><td></td></tr>
<tr><td>礼仪服务人员及其服装用具安排到位，完成礼仪培训</td><td></td></tr>
<tr><td>8</td><td>检查设备</td><td>检查会议用电脑及投影设备、摄影摄像设备；检查灯光、空调、音响设备</td><td></td></tr>
<tr><td>9</td><td>经费预算</td><td>做好住宿、餐饮、用车等的预算</td><td></td></tr>
<tr><td>10</td><td>准备礼品</td><td>会议礼品预订到位</td><td></td></tr>
<tr><td>11</td><td>返程安排</td><td>安排返程机、车票预订及送站安排</td><td></td></tr>
</table>

与会人员一般是在会前 15 分钟签到进入会场，在与会人员进入会场之前，秘书一定要对会场内的温度、照明采光、扩音设备、通风换气设备、桌椅、窗帘等进行最后的检查，同时注意以下问题。

（1）检查空调设备，必要时做好开机准备。

（2）检查会议用黑板或白板，确保已擦干净，并准备粉笔、指示棒、板擦等相应物品。

（3）检查名签的摆放是否得当，注意姓名是否准确无误，文字大小适当、清楚易认。

（4）再次对灯光、扩音设备进行最后的检查、调试。

（5）于每人座位前整齐摆放纸笔。

二、监督会议的准备工作

监督会议的准备工作主要体现在催办上，通常由秘书进行催办，重要会议也常常由各级领导亲自负责催办。

1. 明确催办对象与催办时限

秘书应及时督促会议承办有关部门把催办事项及时办理完毕，一般应比会议各项工作的承办时限提前一两天。如遇特殊情况或办理过程中出现问题，应及时向领导汇报，根据领导指示采取措施，保证被催办事项的有效处理。

2. 填写催办登记

对于需要催办的事项，秘书应采用表格或卡片的形式逐件进行登记，并追踪记录催办的情况；也可采用计算机登记的方法，将催办事项输入电脑，同时填写一份催办单，随文件发给承办单位，催办时限一到，计算机便能自动将当天需完成的催办事项显现出来。

秘书在对会议的准备工作进行催办时，一定要坚持全面、及时的原则，唯有如此，催办才能真正成为会前准备工作的“催化剂”。

巩固训练

浙江省 ×× 市职成教中心学校于 9 月 6 日—7 日召开会议，由徐教授带领的专家团队对电子技术应用、外贸英语、汽车运用与维修、财务会计 4 个重点专业进行工作任务与职业能力分析。会前学校办公室陈主任带领助理小陆及有关人员对 4 个会议室进行了检查。假如你也是检查人员，你准备检查哪些模块？

职业技能鉴定指导

一、陈述知识技能要点

1. 知识要点：无

2. 技能要点：无

二、模拟训练

(一) 单项选择题

1. 会务筹备情况汇报要有说服力，需具备的要点是（ ）。

A. 完整的结构　B. 全面的情况　C. 量化的数据　D. 生动的事例

2. 会前应检查每人座位前是否整齐摆放（ ）。

A. 纸笔　B. 鲜花　C. 热水瓶　D. 咖啡

3. 与会代表一般在会前（ ）分钟签到进入会场。

A. 15　B. 10　C. 5　D. 20

(二) 多项选择题

1. 监督会议的准备工作包括（ ）。

A. 明确催办对象与催办时限　B. 填写催办登记
C. 打电话　D. 看录像
E. 听汇报

2. 检查名签时应注意（ ）。

A. 摆放是否得当　B. 姓名准确无误　C. 文字大小适当
D. 文字清楚易认　E. 色彩是否鲜艳

3. 检查会议用黑板或白板，确保（ ）。

A. 黑板与白板已擦干净　B. 已准备好粉笔　C. 已准备好指示棒
D. 已准备好板擦　E. 已准备好荧光笔

(三) 判断题

1. 秘书在对会议的准备工作进行催办时，一定要坚持全面、及时的原则。（ ）

2. 秘书应及时督促会议承办有关部门把催办事项及时办理完毕，督促工作一般应比会议各项工作的承办时限提前两三天。（ ）

3. 对于需要催办的事项，秘书应以表格或卡片的形式逐件进行登记，并追踪记录催办的情况。（ ）

4. 会议准备的监督工作主要体现在催办上，通常由领导亲自进行催办。（ ）

5. 秘书一定要对会场内的温度、照明采光、扩音设备、通风换气设备、桌椅、窗帘等进行最后的检查。（ ）

三、技能实训题

请根据下面录像脚本中的情节，指出秘书高叶在工作表现中的正确与错误之处。

角色分配：

高叶、初萌、钟苗、刘君

郭月：天地公司秘书

方平：行政部经理

王芳：生产部经理助理

刘明：营销部经理助理

（天地公司秘书高叶正在打电话，进行会议协调。）

高叶：生产部吗？明天上午的公司年终总结表彰大会，你们部门应该到会200人，不知你们是否已经通知了有关人员？还有你们的表彰名单，怎么还没有报上来？

王芳：高秘书，我们经理说最近一段时间生产任务太忙，恐怕抽不出那么多人来参加会议。还有，我们生产部人那么多，才给我们10个受表彰的名额，太不公平了。能否再增加几个？

高叶：你们反映的情况，我立刻向总经理汇报。但是，现在时间这么紧张，恐怕你们还要尽量抽调人员参加会议。关于表彰名额，我请示领导后会给你们一个答复。过一会儿我们再联系。

王芳：我们等你的消息。再见。

高叶（再打电话）：喂，是行政部吗？明天上午公司召开年终总结表彰大会，中午将有500人就餐。不知你们是否已经和公司餐厅打过招呼了？还有，明天来开会的人员较多，停车问题你们是否已做了安排？

方平：我们已经按照总经理的要求做了安排，在公司北门附近特别开辟了一个临时停车场，也跟有关的水电交通部门打了招呼。

高叶：谢谢，如出现新的情况请尽快告知。再见。

（高秘书继续在电脑上罗列会前需要检查的项目，如下表所示。）

会前需要检查的项目

检查项目	负责人	完成情况（√）
发送会议通知		√
确认会议地点		√
确认会议议程		√
确认会议方案		√
确认会场布置		

高叶（自语）：会场布置还是个大事，先开个小会。

（小会现场：高叶办公室，参加人员有秘书高叶、初萌、钟苗等5人。）

小会现场对话

高叶：刚才我们已经进行了一个关于会场布置的讨论，根据大家的意见，由我负责会场布置的总体协调，初萌负责会场的有关标识的准备和张贴，钟苗负责主席台的布置，刘秘书负责会场的有关设备调试和检查，郭秘书负责贵宾室和接待处的布置。

初萌：大会将有500人，规模这么大，是不是需要分一些区域？

钟苗：500人没有必要再划分区域吧。

初萌：可是大会入场的时候可能会比较混乱。

高叶：还是应该按部门划出几个大的区域。这样，可以要求各部门列队入场，集中就座。可以分别从东、西偏门和正门入场。大家看还有什么问题？如果没有问题，我们各自分头准备吧。

（大会会场：会议会标已悬挂好。主席台上摆放着名签和绿色植物，铺着白布。受表彰人员座位区贴着标识。高叶等一行5人在进行会前检查，途经路线没有任何指示牌。接待处的标识设在角落里，非常不明显。）

高叶（指着会标）：会标的字体是否应该做成黑体字？否则会标得有些小气。

钟苗：当时也没有请示有关领导，现在再改恐怕来不及了。

高叶：那也只能这样了。主席台的名签摆放的顺序恐怕不太合适，公司领导应该和受表彰成员代表相间而坐。请你最好拿出一个座次顺序，请总经理过一下目。初秘书，与会议有关的标识都张贴好了吗？贵宾室里不要忘了张贴一张主席台座次表。

（高秘书从受表彰人员座位区域走过，下意识看了一下标识，但未意识到受表彰人员的座位顺序也应固定下来。）

刘君：会场的扩音设备和照明设备我都进行了检查。

高叶：这次因有市领导参加，要将录音录像设备准备好。这项工作做了吗？

刘君：还没有来得及做。

高叶：请尽快检查一下录音录像设备。

郭月：贵宾室需不需要摆放一些鲜花？

高叶：应该摆上几盘花，这次公司请了周董事长前来出席会议，气氛应该隆重。还有贵宾室的茶具、毛巾、烟灰缸一定要事先准备好。大家把不完善的地方再准备一下，下午总经理会来做最后的检查。

（下午，高秘书正在给初秘书交代工作。）

高叶：刚才我陪总经理检查会场，总经理指出了我们工作中的几点疏漏。

1. 请你指出会场布置中有哪几点疏漏？

2. 判断下列做法是否正确。

（1）高秘书注意了与会议有关的各方的协调，例如，餐饮，会场的设备、水电，交通管理部门的协调。

（2）遇到参会代表人数不足、受表彰人员名额过少等问题，高秘书能够耐心倾听并及时做好信息的上传下达。

（3）高秘书电脑上罗列的会前需要检查的项目内容不完整、不齐全。

（4）在大会前的小会中，作为主管秘书，高叶能够认真倾听。

（5）在讨论到适当时机时，高秘书能够抓住时机及时总结、确认结论，并适时转入其他的议题或工作。

（6）对于会标字体的问题，高秘书应该事先给具体的工作人员以明确的提示，特别是对工作经验不多的初级秘书，指导要具体。另外，发现了错误要坚决地纠正，不能凑合。

（7）主席台的名签应该采取公司领导、嘉宾和受表彰成员相间而坐的形式。周副市长应居中，然后是公司领导、受表彰成员穿插排列。

（8）应事先将主席台的座次顺序排列出来，并报请上司审核，再摆放名签。

（9）如果邀请了嘉宾和外单位有关人员参加会议，最好在贵宾室张贴一张主席台座次表，以便其依序入座。

（10）贵宾室也要事先进行布置，准备茶具、毛巾等会议用品。

（11）高叶注意到有关录音、录像设备应事先准备和事先调试。

（12）高叶未能当场试一下扩音器等设备，检查会场布置也不能只是听下属的汇报。

项目评价

项目实施评价表

<table>
<tr><th>评价项目</th><th>评价任务</th><th>评价关键点</th><th>满分</th><th>自评分</th><th>互评分</th><th>教师评分</th></tr>
<tr><td rowspan="6">会前检查</td><td rowspan="3">检查会议常用视听设备</td><td>能确定需使用的视听设备</td><td>15</td><td></td><td></td><td></td></tr>
<tr><td>能检查调试视听设备</td><td>10</td><td></td><td></td><td></td></tr>
<tr><td>能记录、解决视听设备故障情况</td><td>15</td><td></td><td></td><td></td></tr>
<tr><td rowspan="3">检查会议准备工作</td><td>能确定会前准备工作的检查模块</td><td>15</td><td></td><td></td><td></td></tr>
<tr><td>能准备会务准备工作检查清单</td><td>10</td><td></td><td></td><td></td></tr>
<tr><td>能监督会议的准备工作</td><td>15</td><td></td><td></td><td></td></tr>
<tr><td colspan="2">学习态度</td><td>学习态度端正、上课积极发言、能积极实践技能</td><td>5</td><td></td><td></td><td></td></tr>
<tr><td colspan="2" rowspan="3">职业素养</td><td>自我学习能力强、掌握开会新技术</td><td>5</td><td></td><td></td><td></td></tr>
<tr><td>考虑问题全面、细致</td><td>5</td><td></td><td></td><td></td></tr>
<tr><td>具有统筹兼顾、组织协调能力</td><td>5</td><td></td><td></td><td></td></tr>
<tr><td colspan="2"></td><td>总　分</td><td>100</td><td></td><td></td><td></td></tr>
<tr><td colspan="2"></td><td>总　评</td><td colspan="4"></td></tr>
</table>

注：总分65分为合格，75分为良好，85分及以上为优秀。

模块二 Module 2 会中服务

模块概述

会中服务工作主要包含接站、报到、签到、引导就座、联系与接待媒体、做会议记录、编制印发会议简报、反馈会议信息、安排与会人员集体合影、制作通信录、做好会议值班等多项工作。做好会中服务是开好会议的关键，会前一系列的准备工作都已就绪，秘书在会中服务得不好或者是做得不到位，同样影响会议预期的效果。

本模块以完成工作任务的方式，帮助学生学习秘书在会中服务过程中应该具备的基本知识，掌握会中服务的基本技能。

项目八 会议接待

Project 8

项目概述

会议的接站、报到、签到、引导就座等服务是会中服务工作的基本内容，是秘书会务工作必须掌握的基本技能。

本项目包括会议接站与报到、签到与引导就座两个工作任务。通过学习，我们将学会会议接待的技能并掌握相关知识。

学习目标

技能目标

1. 能做好会议接站工作
2. 能做好会议报到工作
3. 能做好会议签到工作
4. 能做好会议引导就座工作

知识目标

1. 掌握会议接站步骤和要求
2. 掌握报到的流程和要求
3. 掌握会议签到的方式
4. 掌握引导就座要求

任务一 接站与报到

Task 1

任务情境

今天参加大宇公司2013年度全国销售表彰大会的人员陆续来报到了。与会人员反馈，今天的接站和报到相关工作给他们留下了良好的第一印象。助理赵亮负责会议的接站和报到工作，他觉得这一天非常有成就感。

任务要求

1. 熟悉接站流程，做好会议接站工作
2. 熟悉报到流程，做好会议报到工作

任务实施

根据任务情境，按照下列步骤实施任务，并填写下列表格。

1. 接站

第一步	收集与会人员到站信息，制作接站信息表	收集信息渠道
第二步	确定接站工作人员的人数和职责	确定接站人员的依据
第三步	安排接送车辆	安排接送车辆的依据
第四步	制作接站牌	接站牌包含的信息
第五步	对接站人员进行培训	培训的内容
第六步	模拟完成接站时的工作情况	评价标准

2. 报到

第一步	安排、培训负责报到的工作人员	培训的内容
第二步	设置报到处	报到处的要求
第三步	准备会议报到登记表	登记表的信息
第四步	收取会务费，发放会议资料	开发票、发资料的要求
第五步	模拟完成报到工作	评价标准

相关知识

一、接站工作

会议接站是会议报到工作的前一步，一般而言，只有跨地区的会议接待才有接站工作，尤其对大中型会议而言，参会人数较多，秘书必须充分重视并对接站工作做相应的准备。

1. 做好接站准备

（1）收集与会人员到站信息，制作接站信息表。根据与会人员的回执，查找相应飞机、火车、汽车、轮船抵达的准确时间，将其编制成一目了然的表格，并要掌握与会人员的联系方式。拟定接站安排表，需要注明人员姓名、单位、职务、联系方式、车次航班、到达时间、随行人数及接站司机和车号、接站工作人员、接站领导、接站出发地点和时间。

（2）确定接站工作人员的人数和职责。根据需要接站的与会人员的人数、接站时间、地点要求，确定接站工作人员的人数和职责。一般要在飞机场、火车站、汽车站等设置接站点，每个点安排一两名接站工作人员。接站工作人员的职责是迎候与会人员，与接送车辆司机联系，引领与会人员上车，一般不需要随车。

（3）安排接站车辆，注意以下三点。

① 根据与会人员的人数、职务，安排相应类型、档次的接站车辆。接站的车辆可以是企业内部车辆，也可以向汽车租赁公司或旅游公司租赁。

② 制作车辆接站表。安排车辆的接送时间、地点、路线，要有专人负责调度车辆。

③ 提前对接站司机进行培训，对接站时间、礼仪方面做出要求。

（4）准备接站牌。接站牌要清晰、醒目、美观，如果是大会通用的接站牌，要标明会议名称、主办方信息。为接送车辆统一制作大会接送车辆标识，如“××会议接送×号车”。

（5）对接站人员进行礼仪培训。接站人员应热情周到、精神饱满，统一佩戴大会工作人员标识牌，衣着整洁大方，熟悉迎送礼仪。

2. 接站流程和要求

（1）要求携带接站的信息表和司机的联系方式，提前三十分钟到达接站地点。

（2）站在醒目的位置，高举接站牌，确保客人出站时能看到。

（3）与会人员出站后，接站人员应做简单的自我介绍，欢迎与会人员。随后可以帮助与会人员提行李，引导其上车。

（4）与会人员上车后，目送车辆出发，接下来继续接站。

（5）要特别注意前后车辆的衔接。

二、报到工作

报到是针对需要集中住宿的大中型会议而言的，是指与会人员从自己的工作单位或住地到达指定的开会地点时所办理的登记注册手续。报到是会议秘书部门掌握与会人员准确到会情况并组织会议的重要一环。一般情况下与会人员本人持会议通知亲自报到。

1. 会议报到的准备工作

（1）配备报到工作人员，并进行培训，使其熟悉报到工作的相关流程。

（2）准备会议报到登记表。登记表上包括与会人员的单位、姓名、职务、联系方式、房间号等，方便准确收集与会人员的信息，以及在会议期间联络与会人员。

（3）准备会议资料、代表证。这里的会议资料指来宾资料，包括会议手册、会议日程表、会议须知、会议文件资料（如主题讨论资料、重要人物讲话提纲等）、会务组人员联络方式、笔记本、笔等。有的会议结束后需要回收会议资料，则需要在资料袋内放置文件清退目录。代表证是与会人员进入会场的凭证，上面应标明会议名称、与会人员职务与座次等信息。

（4）准备收取会议费用的票据。与会人员报到时需要交纳会务费，会议主办方应该提供收取会务费用的正式发票。

（5）设置报到处。报到处一般设置在与会人员下榻的酒店大堂，要求标识清晰、醒目，注明“×××会报到处”。

（6）协助安排会议的住宿。大会主办方应事先和承办本次会务工作的酒店签订协议，确定与会人员住宿的房间及价格。

2. 报到流程

（1）查验证件。查验证件的目的是确认与会人员的与会资格。需查验的证件包括会议通知、单位介绍信、身份证和其他相关有效证件。

（2）登记录入信息。请与会人员在会议报到登记表上填写个人的有关信息，如姓名、性别、年龄、工作单位、职务、联系地址、电话等。会议报到登记表既便于统计参加会议的人数，以便做好会议期间的各项服务工作，又可作为编制与会人员通信录的依据。

会议报到登记表样例

（××××年×月×日）

序号	姓名	性别	年龄	工作单位	职务	联系地址	电话	房间号	备注
1									
2									
3									
4									
5									
6									
7									
……									

（3）接收审查资料。由会议接待人员统一接收与会人员携带的需要在会上分发的材料，材料经审查后再统一分发，以免由于与会人员在会场上自行分发而影响会场秩序，同时也可防止自行分发材料可能造成的其他不良后果。

（4）发放会议资料。会议资料中的文件应当按照保密级别分类发放和管理。重要文件必须履行签收手续；如有保密和需要清退的会议文件还要发给与会人员文件清退目录，请其妥善保存，会后按照文件清退目录退回相关文件。

（5）预收费用。有些会议须由与会人员支付一定费用，如会务费、食宿费、资料费等。这些费用有的是事前通过银行转账支付的，有的是在报到时用现金支付的，因此报到现场应该安排会务财务人员预收费用并开具收据或发票。

（6）安排住宿。要根据与会人员的身份和要求，在允许的条件下合理安排住宿。住宿安排好后，接待人员应当在会议报到登记表上标明每个与会人员的房间号码，以便会议期间联系。

（7）了解与会人员的返程信息。请需要协助预订返程机票、车票的客人做好登记工作。

巩固训练

浙江省××市职成教中心学校邀请的徐教授带领的专家团队于9月5日晚上到余姚北站。学校安排小陆接站。如果你是小陆，你将怎样做好接站的准备工作？

职业技能鉴定指导

一、知识技能要点

1. 知识要点：接站的准备工作要点

2. 技能要点：能够完成接站工作

二、模拟训练

（一）单项选择题

1. 会议接站工作第一步是：收集与会人员到站信息，（ ）。

A. 准备接站站牌　B. 安排车辆　C. 确定接站人员　D. 制作接站信息表

2. 会议接站人员要求携带接站信息表以及司机的联系方式，提前（ ）到达接站地点。会议接站人员要注意（ ）。

A. 二十分钟　给不同要求的与会人员提供不同车辆

B. 三十分钟　前后车辆衔接

C. 四十分钟　使用内部车辆

D. 五十分钟　指定上车位置

3. 下列关于会议报到流程顺序正确的一项是（ ）。

① 核对与会人员的身份　② 填写会议报到信息表

③ 收取参会费用，协助办理食宿手续　④ 分发会议资料

⑤ 了解与会人员的返程信息，为预订返程机票、车票的与会人员做好登记

⑥ 根据与会人员的身份和要求安排住宿

A. ①④③②⑤⑥　B. ①②④③⑥⑤　C. ②①⑥⑤④③　D. ⑤①④②⑥③

（二）多项选择题

1. 接站牌要（ ），如果是大会通用的接站牌，要标明会议名称、主办方信息。

A. 清晰　B. 大方

C. 醒目　D. 鲜艳

E. 美观

2. 接站工作人员的职责是（ ）。

A. 引领与会人员上车　B. 迎候与会人员

C. 填写与会人员报到信息表　D. 与接站司机联系

E. 随车

3. 接站工作人员应（ ）。

A. 热情周到

B. 精神饱满

C. 衣着整洁大方

D. 统一佩戴大会工作人员标识牌

E. 熟悉迎送礼仪

（三）判断题

1. 报到处工作人员应根据与会人员回执信息表核对与会人员的身份与资格。(　)

2. 会议日程表、会议主题讨论资料、会务组人员联络方式、笔记本、笔等都属于会议资料。(　)

3. 一般要在飞机场、火车站、汽车站等设置接站点，每个点安排一两名接站工作人员。(　)

4. 代表证是与会人员进入会场的凭证，上面不用呈现会议名称、与会人员的座次等信息。(　)

5. 大会主办方应事先和承办本次会务工作的酒店签订协议，确定与会人员住宿的房间及价格。(　)

三、技能实训题

我爱我家彩电公司决定召开大型的关于新产品的客户咨询洽谈会。会议定于2014年10月11日—13日在永康国际会议中心召开，食宿也安排在永康国际会议中心。10月10日为会议报到日期，第一天为开幕式、专家讲座，第二天为专项合作项目洽谈、专家咨询，第三天组织客户游览。确定参加会议的人员有108人，特邀领导和专家为10人。

1. 请你模拟制作会议接站信息表。
2. 请你模拟布置会议报到处。
3. 请你模拟准备报到时分发给与会人员的会议资料。
4. 请你模拟组织会议报到工作。

任务二 签到与引导就座

Task 2

任务情境

大宇公司 2013 年度全国销售表彰大会接站和报到工作相当完美，远道而来的与会人员对助理赵亮带领的接待团队热情周到的服务给予了高度评价。第二天会议 8:30 正式开始，赵亮和其他工作人员 7:30 来到了会场，他们要完成本次会议的签到与引导就座的任务。

任务要求

1. 做好会议签到工作
2. 做好会议引导就座工作

任务实施

根据任务情境，按照下列步骤实施任务，并填写表格。

1. 签到

第一步	确定会议签到方式	理由
第二步	准备会议签到用品	理由
第三步	迎接与会人员	要点
第四步	请与会人员签到	服务要点
第五步	分发会议资料	服务要点
第六步	统计与会人员	作用

2. 引导就座

引导就座	模拟完成引导就座工作	评价标准

相关知识

一、签到工作

1. 签到的作用

（1）便于统计实到人数。实到人数往往是确定法定性会议有效性的必要条件。签到能够精确统计参加会议的人数，是法定性会议不可缺少的工作程序。一般的会议活动通过签到统计出实到人数，为会议效果评价提供依据。

（2）能检查缺席情况。参加对象的缺席会影响会议精神的全面贯彻落实。签到能够准确反映缺席情况，以便及时通知有关人员到会，或通知缺席对象另行补会，防止会议精神在这些单位得不到及时传达和贯彻。

（3）留做纪念。庆典仪式、纪念性和追悼性会议活动的签到簿可以珍藏，留做永久的纪念。

（4）作为历史凭据。参加对象的亲自签名是第一手签到记录，是其参加会议活动的书面证明，可为日后的查考提供历史凭据。

2. 签到的方法

（1）秘书人员代签到。小型日常会议由会议秘书人员、会议工作人员代为签到。会议秘书、会议工作人员事先做好本次会议的花名册。开会时，来一人就在该人名后画上记号，表示到会；缺席，请假人员也要用规定的记号标示。

（2）证卡签到。大中型会议一般采用证卡签到。会议工作人员将印好的签到证发给每位与会人员，卡上一般印有会议的名称、日期、座次号、编号等，与会人员在证卡上签好自己的姓名，进入会场时，将证卡交给会议工作人员表示到会。一些大中型会议多采用证卡签到的方法，这样可以避免集中在临开会时签到造成拥挤。

（3）簿式签到。富有纪念意义的会议可采取簿式签到的方法。与会人员在会议工作人员准备好的签到簿上签署自己的姓名，表示到会。签到簿上的内容一般有姓名、职业、所代表的单位等，与会人员要逐项填写，不要遗漏。簿式签到的优点是便于保存、便于查找，缺点是只适合于小型会议。一些大型会议，参加会议的人数很多，采用簿式签到工作量大，时间长。

（4）座次表签到。会议工作人员按照会议模型，事先制作座次表，在座次表的每个座位上填写与会人员姓名和座位号码，参加会议的人员到会时，就在座次表上消号，表示出席。印制座次表时，与会人员座次安排要有一定规律，如从 × 号到 × 号是某部门代表座位，将同一部门的与会人员集中在一起，便于与会人员查找自己的座次号。采用座次表签到，使参加会议的人在签到时就知道了自己的座位号，可起到引导就座的效果。

（5）签到机签到。签到机签到快速、准确、简便。参加会议的人员进入会场，只要把特制的卡片放到签到机内，签到机就将与会人员的姓名、号码传到中心，并将签到卡退还本人。与会人员的签到手续在几秒钟内就能办完，与会人员到会结果则由计算机准确、迅速地统计并显示出来。利用签到机签到是先进的签到手段，现在，许多大型会议都采用签到机签到。

3. 准备签到物品

要提前布置签到台，根据不同的签到方式准备不同的签到物品，如签到表格、纪念簿或签到机。

4. 签到工作人员要求

（1）统一着装。

（2）当与会人员到达会场时，应起身微笑相迎："您好，欢迎您！"

（3）当向与会人员递笔时，应脱下笔套，笔尖对自己，将笔双手递上。

5. 签到的程序

签到工作人员的工作程序如下。

（1）提前上岗。

（2）迎接与会人员。

（3）请与会人员签到。

（4）分发会议资料（如报到时已分发，此步骤可省略）。

（5）统计与会人员到会情况。

一般性的会议，需要向会议主持人汇报到会人数，需特别关注重要嘉宾的到会情况。而法定性会议对到会人数有法定要求，在会议开始时有向大会通报到会情况的程序，因而会务工作人员应及时将与会人员到会情况汇总交给大会主持人。

×××××会议到会情况统计表样例

会议名称			
会议召集单位		会议时间	
		会议地点	
会议正式代表人数		正式代表实到人数		缺席人员及缺席原因	
会议列席人数		列席代表实到人数		缺席人员及缺席原因	
法定人数要求				统计人	

6. 会议签到注意事项

（1）负责签到的工作人员应训练有素，照顾周到。

（2）负责签到的工作人员需提前到岗，以免到会较早的人员无人过问。

（3）工作人员应热情主动迎接与会人员，并按礼仪规范将与会人员引导入场。

二、引导就座工作

大多数会议与会人员的座位都是事先安排确定的，工作人员应做好引导就座的工作。

1. 引导员配备

大型会议一般应配备8～12人承担会议的引导就座工作。如果会场安排在与会人员下榻的酒店，引导员的岗位可以直接安排在会议签到处；若会场安排在其他地方，如公司、大型展览馆等地，引导员的岗位应直接安排在大门口。

2. 引导员职责

（1）大门岗。统一着装，向与会人员鞠躬致意，使用“您好，欢迎您的到来”等礼貌用语。

（2）引导岗。带领与会人员进入会场。对于主要领导，要先引入休息室，由单位领导亲自作陪，待会议准备开始时再引入会场就座；对于其他会议代表，可直接引入会场就座。

3. 引导就座要求

（1）突出重点。会议举行期间，一般应安排专人在会场内外负责迎送、引导、陪同到会的领导和嘉宾。对会议的贵宾，老、弱、病、残、孕者等，往往还须重点照顾。

（2）尽量满足合理要求。对于与会人员的正当要求，应尽量予以解决，但也不能有求必应，应量力而行、周到热情。

（3）从小处入手，注重细节。在引导过程中，工作人员要注重礼仪的细节，如，在迎接过程中主动问候与会人员，在引导中回答与会人员的询问要耐心热情，等等。

巩固训练

浙江省××市职成教中心学校于9月6日—7日对4个重点专业进行工作任务与职业能力分析。徐教授带领的专家团队、来自一线的企业技术骨干陆续来到学校，参加各专业的分析会。学校要求专业教研组长组织专业教师做好签到工作。假如你是专业教研组长，怎样做好所在组的签到工作？

职业技能鉴定指导

一、知识技能要点

1. 知识要点：签到工作的内容
   引导就座的方法
2. 技能要点：能够完成签到工作
   能够引导就座

二、模拟训练

（一）单项选择题

1. 签到工作人员的工作程序是（　）。

①统计与会人员到会情况　②分发会议资料　③请与会人员签到
④迎接与会人员　⑤提前上岗

A．⑤④③②①　B．②③⑤④①　C．④⑤①②③　D．②①④⑤③

2. 大中型会议一般采用（　）。

A．座次表签到　B．签到机签到
C．秘书人员代签到　D．证卡签到

3. 富有纪念意义的会议可采取（　）的方法。

A．座次表签到　B．签到机签到
C．簿式签到　D．证卡签到

（二）多项选择题

1. 常用的签到方法有（　）。

A．秘书人员代签到　B．证卡签到
C．座次表签到　D．签到机签到
E．簿式签到

2. 签到簿上的内容一般包括与会人员的（　）等，与会人员要逐项填写，不要遗漏。

A．姓名　B．爱好
C．职业　D．饮食习惯
E．所代表的单位

3. 用签到机签到（　）。

A．快速　B．全面
C．简便　D．单一
E．准确

（三）判断题

1. 签到是出席会议人员到会的第一件事。（　）
2. 大型会议一般应配备 8 ~ 12 人承担会议的引导就座工作。（　）
3. 当签到工作人员向客人递笔时，应脱下笔套，笔尖对自己，双手将笔递上。（　）

4. 签到工作人员要求统一着装。(　)

5. 采用座次表签到，使与会人员在签到时就知道了自己的座位号，可起到引导就座的效果。(　)

三、技能实训题

1. 2014 年 6 月 14 日是宏达公司召开客户联谊会的日子。秘书王晨已提前做好了各项准备工作，并安排小王、小赵负责会议签到工作，小陆、小袁负责会议引导就座工作。请模拟完成本次会议的签到和引导就座的工作。

2. ×× 市召开人大会议，要求政协委员列席。其中人大代表 278 人，政协委员 216 人。地点在 ×× 市影剧院。大会需要统一签到，统计到会人数。请你说说这种会议采用什么签到方式比较好，并说明理由。

项目评价

项目实施评价表

评价项目	评价任务	评价关键点	满分	自评分	互评分	教师评分
会议接待	接站	能做好接站准备工作	10			
		能做好接站工作	10			
	报到	能做好报到准备工作	10			
		能做好报到工作	10			
	签到	能确定签到方式	10			
		能做好签到工作	10			
	引导就座	能有礼貌地引导就座	20			
学习态度		学习态度端正、上课积极发言、能积极实践技能	5			
职业素养		举止得体、礼貌待人	5			
		爱岗敬业、办事细致	5			
		沟通有效、有团队精神	5			
总　分			100			
总　评						

注：总分65分为合格，75分为良好，85分及以上为优秀。

项目九
信息管理

项目概述

开会的过程就是信息交流、处理、传输的过程，没有信息，会议就无法举行。秘书在参会的过程中不但要做好信息的收集、传递、反馈工作，而且还要做好会议期间的对外宣传。只有做好会议的信息工作，会议才能实现预期的目标。做好会议信息管理也是秘书必须掌握的基本技能之一。

本项目包括联系接待媒体、做会议记录、编制印发会议简报、反馈会议信息四个工作任务。通过学习，我们将学会会议信息管理的技能并掌握相关知识。

学习目标

技能目标

1. 能联系接待媒体
2. 能做好会议记录
3. 能编制印发会议简报
4. 能收集与会人员对会议的建议

知识目标

1. 掌握接待媒体的基本原则、工作内容
2. 掌握会议记录、简报的结构和写法
3. 掌握会议信息反馈的内容、方式、要求

任务一 联系与接待媒体

Task 1

任务情境

大宇公司将于12月19日和21日召开2013年度全国销售表彰大会，公司邀请了省市的有关领导、同行业兄弟单位代表、公司董事会成员、全国各分公司领导、全国销售代理商代表以及公司高层管理人员代表和技术人员代表等。为了扩大影响，公司领导要求办公室邀请媒体参加，通过对表彰大会的报道提升公司的声誉和扩大影响力。

任务要求

1. 根据会议的规模、主题、目标等要素，邀请和接待媒体
2. 对媒体发布的信息进行监控

任务实施

根据任务情境，按照下列步骤实施任务，并填写表格。

步骤		
第一步	列出邀请媒体的名单	理由
第二步	打电话或发邀请函	邀请函的格式
第三步	确认参会媒体名单	联系媒体的方式
第四步	接待媒体人员并登记	选择接待地点和提供工作证
第五步	为媒体人员提供会议资料	稿件，图片、音像等资料的评价标准
第六步	为媒体人员提供拍照和新闻发布会场地	要求
第七步	设计媒体报道情况的统计表	具体内容

相关知识

一、邀请媒体相关工作

根据会议的规模、主题、目标确定邀请的媒体。

1. 认识媒体

（1）区别媒体类型。根据不同的标准，媒体可以分为不同的类型。

① 根据传播的介质，可以将媒体分为报纸、杂志、电视、广播、网络类新型媒体五大类。

② 根据传播的范围，可以将媒体分为国际媒体和国内媒体，国内媒体可分为全国性和区域性两大类。

③ 根据传播领域的宽窄，可以将媒体分为大众类和专业类媒体两大类。

（2）了解各大媒体的出版周期、截稿时间、编辑政策、制作方法、分销渠道等。

2. 选择媒体

（1）根据接收信息的对象选择。按照受众的地域性、文化水平、经济状况、接收信息的习惯等选择相应的媒体。如区域性会议，只需要该区域范围内的公众了解会议信息即可，那就选择区域性媒体。

（2）根据需要传播的内容选择。如果需要传递的信息十分复杂、需要受众反复思考，建议选择报纸、杂志类方便保存的平面媒体，以便接收信息的公众反复阅读、思考；如果需要传递的信息比较简单，容易识记，可以选择广播、电视等媒体。

（3）根据经济条件选择。通过大众媒体传递信息，都需要一定的费用。大会主办方在选择媒体时，要根据自身的经济条件进行选择。

3. 邀请媒体

会务工作人员拟写邀请媒体的方案，方案内容包括媒体名称、具体人员、传播方式、要求、费用等，并将方案上报主管领导，由主管领导审定后，方可邀请媒体记者。

二、接待媒体相关工作

1. 接待采访会议的新闻媒体的基本原则

（1）报道的内容必须与会议基本内容相吻合。

（2）掌握会议信息的保密度，做到内外有别。

（3）报道中的重要观点和提法，要经领导审定。

（4）要全面周到、主动积极地做准备。

（5）在信息传递的方式和内容选择上应本着兼顾对象、效果、时效、费用的原则做综合考虑。

（6）在会议中，秘书要注意随时收集外界舆论和新闻媒体对会议的信息报道。

（7）在会议结束后，秘书要为召开媒体沟通会提供必需的信息资料。

2. 接待新闻媒体的工作内容

（1）由会议秘书撰写新闻报道稿件，稿件经领导审阅后，向媒体发送。

（2）在会议召开期间，邀请有关报社、电台、电视台派记者驻会随访，发布消息。

（3）在会议结束时，召开记者报告会，由会议领导者直接介绍会议情况，并亲自回答记者提出的问题。

3. 接待新闻媒体的工作流程

（1）媒体人员登记。一般来说，应对参会的媒体人员与一般与会人员、工作人员区别对待。会议组织者要为媒体人员做好登记，而且登记的地点要与一般与会人员登记地点进行区分；登记时为其提供特殊的媒体工作证。

（2）为媒体人员提供简单的会议材料。大多数媒体人员都喜欢自己决定采访哪些人，以及报道会议的哪些新闻。因此会议组织者可以为他们安排一个介绍会，简单说明会议的整体结构，着重指出可能引起他们兴趣的人和事件，并向他们提供简单的会议材料，让他们自己从全局上进行把握。

（3）安排拍照和新闻发布会等传统活动。会议组织者应该为静态拍照和动态录像准备一个专门的场地，并搭建相应的背景，所有参与拍照的人都应该得到充分的展示。会议组织者要为新闻发布会提供应有的支持，满足部分媒体人员将录音麦克风连接在演讲台上的要求。新闻发布会应该有规定的起止时间及预定的程序，每个与会人员都应该事先知道新闻发布会的日程安排，以及是否可以在会上回答提问等。

（4）安排媒体沟通会。媒体沟通会是一种非正式的新闻发布会，参加的媒体在发布新闻时将不直接引用被采访者的话或者提到其姓名。媒体人员应该被明确告知该活动是不是媒体沟通会，因为有些媒体不愿意参加这样的活动。

4. 接待新闻媒体的注意事项

（1）妥善处理新闻媒体的负面报道。当危机来临时，企业要有勇气面对危机，以负责任的态度出现在公众面前，对舆论进行疏导。正确的做法有以下几个方面：快速做出反应；联合或聘请专业公关公司处理危机；让负责人出面；对未知的事实不要推测；不要隐瞒事实真相；为媒体采访敞开大门；统一口径，用一个声音说话，频繁沟通。

（2）汇总新闻媒体的各种报道。预先与要来访的媒体取得联系，力求在发稿后可以快速得到他们相关报道的资料，或者在发稿后马上将报纸收集起来，或通过网络查询的方法下载相关报道，以备将来查询、使用。

三、对报道的信息进行监控

（1）会议新闻要求实事求是，和会议内容相吻合。

（2）报道中的重要观点和提法要经主管领导审定，不能出现差错。

（3）收集各家媒体对会议的报道。如出现负面报道，应及时向领导汇报，启动危机处理机制，积极应对，降低或消除负面舆论对大会造成的不利影响；对于给予正面积极宣传报道的媒体，也应该在第一时间向媒体记者道谢。

巩固训练

浙江省 ×× 市职成教中心学校将于 9 月 6 日—7 日召开会议，会上将由华东师范大学徐教授带领的专家团队对电子技术应用、外贸英语、汽车运用与维修、财务会计 4 个重点专业进行工作任务与职业能力分析。为了扩大影响，学校是否应邀请媒体参加并进行报道？如果邀请的话，你认为该邀请哪些媒体参加？

职业技能鉴定指导

一、知识技能要点

1. 知识要点：接待新闻媒体的工作内容

2. 技能要点：能够联系和接待新闻媒体

二、模拟训练

（一）单项选择题

1. 会议报道中的重要观点和提法应（　）。

A．尊重媒体的意见　　B．经领导审定

C．经过会商　　D．具体问题具体分析

2. 接待新闻媒体的工作流程是（　）。

①为媒体人员登记　②安排拍照和新闻发布会等传统活动

③为媒体人员提供简单的会议材料　④安排媒体沟通会等环节

A．①②③④　　B．①②④③　　C．②①③④　　D．①③②④

3. 召开会议选择媒体不应考虑的要素是（　）。

A．根据接收信息的对象选择　　B．根据需要传播的内容选择

C．根据接收信息的地点选择　　D．根据经济条件选择

（二）多项选择题

1. 当危机来临时，企业要有勇气面对危机。正确的做法有（　　）。

A．快速做出反应

B．让负责人出面

C．对未知的事实不要推测

D．不要隐瞒事实真相

E．联合或聘请专业公关公司处理危机

2. 汇总新闻媒体的各种报道的方法有（　　）。

A．与来访记者联系，力求其发稿后可以快速得到相关报道的资料

B．等媒体给消息

C．通过电视台获得消息

D．通过网络查询的方法下载相关报道

E．发稿后马上将报纸收集起来

3. 接待媒体的原则是（　　）。

A．要全面周到、主动积极地做准备

B．报道的内容必须与会议基本内容相吻合

C．会议结束后，秘书要为召开媒体沟通会提供必需的信息资料

D．报道中的重要观点和提法，要经领导审定

E．掌握会议信息的保密度，做到内外有别

（三）判断题

1. 媒体报道中的重要观点和提法要经主管领导审定，不能出现差错。（　）

2. 会务工作人员拟好邀请媒体的方案，并将方案上报主管领导，由主管领导审定后，方可出面邀请媒体记者。（　）

3. 会议新闻要求实事求是，和会议内容相吻合。（　）

4. 如果需要传递的信息十分复杂、需要反复思考，建议选择广播、电视等媒体。（　）

5. 秘书撰写新闻报道稿件，不需要领导者审阅，可以直接向媒体发送。（　）

三、技能实训题

2011年，由浙江省经信委、省总工会、省国资委、省企业家协会等多部门在绍兴联合举行2011浙江企业文化建设现场会，浙江在线新闻网站做了相关报道。请问：浙江企业文化建设现场会除了浙江在线新闻网站做报道外，你还推荐哪些新闻媒体进行报道？

任务二 做会议记录

Task 2

任务情境

大宇公司 2013 年度全国销售表彰大会按照会议议程顺利进行，办公室主任王浩让助理赵亮做好每场会议的记录。赵亮调动一切可以调动的资源，保质保量地完成了会议记录的任务。

任务要求

1. 做好会议记录前的准备工作
2. 做好会议记录

任务实施

根据任务情境，按照下列步骤实施任务，并填写表格。

第一步	准备会议记录用品	要求
第二步	模拟召开会议，完成会议记录	评价标准

相关知识

会议记录是开会时当场把会议的基本情况、会议上的报告、讨论的问题、发言、决议等内容记录下来的书面材料。会议记录是对会议整个情况的真实记载，其作用是能准确反映会议情况，可作为整理会议文件、汇报会议精神、研究工作等存查备考的一种历史资料。

一、做会议记录前的准备

（1）提前到达会议地点，并安排做会议记录的地方。

（2）准备足够的钢笔、铅笔、笔记本或记录用纸。

（3）准备录音笔等辅助设备以补充手工记录。

（4）准备议程表和其他的相关文件资料，需要核对相关数据和事实时使用。

二、会议记录的结构与写法

会议记录一般由标题、正文和尾部组成。

1. 标题

标题可以有两种形式：一种是会议名称 + 文种，如“××集团公司第一届董事会会议记录”；另一种只标出文种，如“会议记录”。

2. 正文

正文一般由首部、主体和结尾三部分组成。

（1）首部的内容即会议的组织情况，包括会议概况、会议名称、会议地点、会议时间、会议主持人、会议出席人、会议列席人、会议缺席人、会议记录人等。

（2）主体部分主要记录会议的内容，要求写明发言、决议、问题，这是会议记录的核心部分。如有多个议题，可以在各议题前分别加上序号；记录发言人及发言内容，记录不同人的发言要另起一行，写明发言人的姓名，然后加上冒号；记录会议决议，决议事项应分条列出，有表决程序的要记录表决的方式和结果。

（3）结尾另起行，可写明“散会”。

3. 尾部

正文右下方应有会议主持人和记录人的签名。

会议记录例文：

××公司项目会议记录

时间：××××年×月×日上午8：00—11：00

地点：公司会议室

出席人：公司各部门主任

主持人：××（公司副总经理）

记录人：×××（办公室主任）

一、主持人讲话

今天主要讨论“中国办公软件”是否投入开发以及如何开展前期工作的问题。

二、发言

技术部××：类似的办公软件已有不少，如微软公司的Word、金山公司的WPS系列，以及众多的财务、税务、管理方面的软件。我认为首要的问题是确定选题方向，如果没有特点，千万不能动手。

资料部×××：应该看到的是，办公软件虽然很多，但从专业角度而言，大都不很规范，我指的是编辑方面的问题。如 Word 中对于行政公文这一块就干脆忽略掉，而书信这一部分也大多是英文习惯，中国人使用起来很不方便。WPS 是中国人开发的软件，在技术上很有特点……我认为我们定位在这一方面是很有市场的。

市场部 ×××：这是在众多航空母舰的竞争中间寻求突破，我认为有成功的希望，关键的问题就是必须小巧，并且速度极快。因为我们建造的不是航空母舰，这就必须考虑到兼容问题。

三、决议

各部门都同意立项，初步的技术方案将在 10 天内完成，资料部预计需要 3 个月完成资料编辑工作，系统集成约需要 20 天，该软件预定于元旦投放市场。

散会。

主持人（签名）：××

记录人（签名）：×××

××××年×月×日

三、会议记录方法

（1）摘要记录。此方法是一般会议常用的方法。它不是有言必录，而是只记发言要点、结论和会议上讨论的问题，以及通过的决定、决议等主要内容。

（2）详细记录。这种记录方法一般用于重要会议。特别是对领导人讲话和重要决议，要尽量记录原话，特别要记录清楚争议问题、关键问题、表决情况等。

四、会议记录的要求

会议记录的要求归纳起来主要有三个方面：一是速度要求，二是真实性要求，三是资料性要求。

（1）速度要求。快速是对会议记录的基本要求。

（2）真实性要求。纪实性是会议记录的重要特征，确保真实是对记录稿的必然要求。真实性要求具体包括记录准确清楚、突出重点。

① 准确。不添加、不遗漏，依实而记。

② 清楚。首先是指书写要清楚，其次是指记录要有条理。

③ 突出重点。会议记录应该突出的重点包括：会议中心议题以及围绕中心议题展开的有关活动，会议讨论、争论的焦点及各方的主要见解，权威人士或代表人物的言论，会议开始时的定调性言论和结束前的总结性言论，会议上已形成决议和未形成决议的事项，对会议产生较大影响的其他言论或活动。

（3）资料性要求。会议记录是分析会议进程、研究会议议程的依据，是编写纪要的重要参考资料，相关记录应满足资料性的要求，以便作为原始资料编入档案长期保存，在需要时查阅。

五、做会议记录的注意事项

（1）应将主要观点、决议、决定、重要的声明、结论一字不漏地记录下来，而其他的内容可简要概括地记录，无须有言必录。

（2）如果会上漏记了内容，可做相应记号，事后对照录音修改；也可提示会议主持人请发言者重复内容或对某一术语做简要的解释。

（3）不管是谁提出或附议了某一个建议，或者提出了任何意见，都应把人名记录下来。

（4）可设计一张表格记录会议上的信息。

巩固训练

请你为学校或班级的某次会议做会议记录。

职业技能鉴定指导

一、知识技能要点

1. 知识要点：会议记录的内容和要求
   做会议记录的注意事项
2. 技能要点：能够做好会议记录

二、模拟训练

（一）单项选择题

1.（　）是一般会议常用的方法。

A．详细记录　B．手工记录　C．录音记录　D．摘要记录

2.（　）一般适用于重要会议。

A．详细记录　B．手工记录　C．录音记录　D．摘要记录

3. 不添加、不遗漏，依实而记指的是做会议记录的（　）要求。

A．速度　B．详细　C．准确　D．清楚

（二）多项选择题

1. 会议记录的要求是（　　）。

A．快速　B．准确　C．真实　D．清楚

2. 会议记录的方法有（　　）。

A．快速记录　B．详细记录　C．摘要记录　D．录音记录　E．手工记录

3. 会议记录的真实性要求具体包括（　　）。

A．快速　B．突出重点　C．完整　D．清楚　E．准确

（三）判断题

1. 做好会议录音以补充手工记录。（　）

2. 会议记录应将主要观点、决议、决定、重要的声明、结论一字不漏地记录下来。(　)

3. 如果会上漏记了内容，可做相应记号，事后对照录音修改；也可提示会议主持人请发言者重复内容或对某一术语做简要的解释。(　)

4. 会议记录是分析会议进程、研究会议议程的依据，是编写会议纪要的重要参考资料。(　)

5. 会议记录正文结束后，要另起一行空两格写“散会”字样；在会议记录右下方，应有会议主持人和记录人签名。(　)

三、技能实训题

2013 年 4 月 14 日上午 10：00，达信股份有限公司董事会例会于北京市海淀区公司总部召开，本次会议由张杰主持，参加会议的人员有董事长王方，副董事长李明，秘书白雪，财务主管罗健，董事黄平、郭凯。本次会议就公司的财务状况进行了讨论。请你模拟达信股份有限公司董事会例会做会议记录，要求：要素齐全，格式正确，具体内容可省略。

任务三 编制印发会议简报

Task 3

任务情境

大宇公司办公室助理赵亮完成了2013年度全国销售表彰大会的会议记录，办公室主任王浩要求赵亮编制、印发会议简报。

任务要求

1. 编制会议简报
2. 印发会议简报

任务实施

根据任务情境，按照下列步骤实施任务，并填写表格。

第一步	编制会议简报	评价标准
第二步	印发会议简报	发放形式

相关知识

会议简报是较大型和重要的会议用来专门报道、交流会议重要内容、进展情况，反映与会人员意见和建议的一种文字形式，能起到引导会议健康发展的作用。

一、会议简报的特点

1. 内容专业性强

会议简报一般由有关单位、部门主办，专业性十分明显。例如，《人口普查会议简报》《计划生育会议简报》《水利工作会议简报》《招生会议简报》等，分别由主办单位组织专人撰写，传递该项工作的各种信息，包括会议情况、经验、问题和对策等。

2. 篇幅特别简短

会议简报中的“简”，是它区别于其他报刊最显著的特点。为适应现代快节奏工作的需要，一期会议简报甚至只登一篇文章、几段信息，或一期几篇文章，总共一二千字，长的也不过三五千字，读者可以用很短的时间把它读完。因此，会议简报的语言必须简明精练。

3. 用于内部交流

会议简报一般在编报机关管辖范围内的各单位之间交流，不宜甚至不能公开传播，特别是涉外机关机密部门主办的会议简报更是如此。

二、会议简报的结构与写法

会议简报通常由报头、报核、报尾三部分构成。

1. 报头

会议简报也有一套固定版式。正中用醒目大字标明简报名称，简报名称下面要标明编印机关、印发日期、编号。简报名称可由会议名称 + 简报组成，也有的只标“会议简报”字样。编号常用括号括住标在标题正下方。

2. 报核

报核又称正文，是会议简报的主体。会议简报正文一般由四部分组成。

（1）标题。会议简报正文的标题要求确切、简短、醒目。简报正文标题在报头横线之下居中书写，如果需要，也可以使用副标题。使用两个标题时，正标题用以概括全文的思想意义或者内容要点；副标题用以交代单位及事件，对正标题起补充说明的作用。

（2）开头。会议简报的开头同新闻的导语相似，多采用叙述的方式拟写，用简明扼要的语言直接叙述会议概况，交代会议的名称、时间、地点、与会人员等要素，如：“××会议于×月×日在××地召开，×××、×××、×××等参加了会议。”

（3）主体。会议简报的主体部分介绍会议事件的过程、主要精神、主要成果。这部分是会议简报的主干，要围绕主题、突出重点。写法上可按事实的重要程度递减的顺序来安排主体的结构（倒金字塔结构），也可完全按事实发生的时间顺序来写（金字塔结构），也可将报道的内容分成若干并列的方面来写（双塔式结构）。

（4）结尾。简报的结尾多是对主体内容做概括的小结，与开头形成呼应，起到强调重点、突出主题并使结构更加紧凑的作用。在写作中如何安排结尾内容，或者是否要写结尾，要根据简报内容表达的需要而定。如果简报内容较多，篇幅较长，读者不易把握，就应在结尾概括一下；如果简报内容单一，篇幅较短，且在主体部分已把话讲完，就不必另写结尾。

3. 报尾

报尾在正文结尾之下，与正文结尾用一道横线隔开。在报尾上要写明印数、发送对象，在发送对象名称之前，要分别冠以“报送”（对上级）、“转送”（对同级）、“分发”（对下级）字样。

三、编制会议简报的要求

1. 实

真实是简报的生命。会议简报所反映的会议事实是千真万确的客观存在，其涉及的主要情节以及每一个细节，包括具体的时间、地点、人物、数字等，都要准确无误。

2. 快

一般是第一天讨论的情况，当天制成会议简报，第二天一早就要印出发到与会人员手上。这就要求编写简报者必须是“快枪手”，能在一两小时内整理出一份简报。要讲究方法，编写简报者应一边听会议讨论，一边分析、归纳。

3. 简

会议简报应简明扼要、短小精悍。

4. 活

会议简报应生动活泼，应采用一些群众性语言，必要时可采用通讯的写法，进行一些具体形象的描述，做到以情动人。

四、发放会议简报

会议简报完成编排、印刷、装订等一系列环节后，应当及时向与会人员发放。发放时可以人手一份；如果与会人员较多，也可以根据会议分组情况，每组若干份；也可以按照住宿情况，每个房间一份。分发时应当注意不漏发、不重发，可以使用会议简报发放登记表对发放情况进行统计。

会议简报发放登记表

简报期数	房间号	发放份数	领收人签字

巩固训练

请为学校或班级近期召开的一次重要会议编制、印发一份会议简报。

职业技能鉴定指导

一、知识技能要点

1. 知识要点：会议简报的内容和要求
2. 技能要点：能够印发会议简报

二、模拟训练

（一）单项选择题

1. 不属于会议简报特点的是（　）。

A. 内容专业性强　　B. 篇幅简短

C. 内部交流　　D. 便于在会议中讨论

2. 会议简报应生动活泼，应采用一些（　）。

A. 群众性语言　B. 记叙性语言　C. 散文化语言　D. 议论化语言

3. 一般是第一天讨论的情况，当天即编制会议简报，（　）就要印出发到与会人员手上。

A. 第二天中午　B. 第二天一早　C. 第三天一早　D. 当天晚上

（二）多项选择题

1. 会议简报正文的标题要求（　　）。

A. 确切　B. 简短　C. 醒目　D. 详细　E. 提示

2. 编制会议简报的要求是（　　）。

A. 实　B. 快　C. 简　D. 活　E. 鲜

3. 会议简报通常由（　　）三部分构成。

A. 报头　B. 报核　C. 报尾　D. 主体　E. 开头

（三）判断题

1. 会议简报的开头同新闻的导语相似，多采用叙述的方式拟写。（　）

2. 会议简报完成编排、印刷、装订等一系列环节后，应当在离会时向与会人员发放。（　）

3. 报核又称正文，是会议简报的主体。（　）

4. 简报尽管内容单一，篇幅较短，且在主体部分已把话讲完，最后还是要写结尾。(　)

5. 会议简报也有固定版式。正中用醒目大字标明简报名称，报名下面要标明编印机关、印发日期、编号。(　)

三、技能实训题

请你根据以下会议记录编制一份会议简报。

×× 时装公司经理例会记录

（2014 年 7 月 14 日上午 9：00—11：50）

2014 年 7 月 14 日上午 9 点 ×× 时装公司经理例会在公司办公大楼二层会议室召开。主持人为谢宁总经理，与会人员有：谢宁（总经理）、张小鹏（副总经理）、郑为（副总经理）、李民（副总经理）、孙亚舟（商务部门经理）、李晓勤（人事部门经理）、周星（技术部门经理）、王新安（财务部门经理）、张晓明（秘书），代理投票人有王文龙副经理、赵非副经理、孙西副经理。达到法定人数。

（1）秘书张晓明宣读了 2014 年 7 月 2 日会议记录。

（2）财务部门经理王新安提出的一份财务报告显示，2014 年 6 月 20 日公司流动资金余额为 858.30 万元。财务部门的报告在宣读后获得通过。

（3）主管公司企划事务的副总经理李民报告，公司企划活动的下一个项目是为 ×× 市护城河河道清淤项目捐款 16 万元，这项公益活动将有助于提高企业知名度。计划在“十一”向 ×× 市有关部门捐款，期间举行捐款仪式。此事具体安排的材料将于 7 月 15 日寄发给所有成员。

（4）人事部门经理李晓勤建议任命孙西副经理负责公司时装节（将于 10 月初举行），此建议得到郑为副总经理的附议并获得一致同意。在会上同时确定时装节的主题为“冬的魅力”。

秘书（签名）：张晓明

总经理（签名）：谢宁

2014 年 7 月 14 日

任务四 反馈会议信息

Task 4

任务情境

大宇公司 2013 年度全国销售表彰大会因组织工作到位，会议工作顺利进行。为了积累办会经验，办公室主任王浩特请与会人员对本次会议提出意见和建议。办公室助理赵亮应用什么方式得到会议反馈信息呢？

任务要求

1. 确定会前、会中、会后信息反馈的内容
2. 选择合适的方式反馈会议信息
3. 设计会议反馈表

任务实施

根据任务情境，按照下列步骤实施任务，并填写表格。

第一步	确定会议信息反馈的内容	理由
第二步	确定会议信息反馈方式	理由
第三步	设计会议反馈表	评价标准
第四步	及时向领导反馈信息	目的

相关知识

一、会议信息反馈的内容

1. 会前信息

在会议召开之前，秘书要及时向领导反馈会议的策划、宣传、筹备和组织方面的信息，

以便领导及时地掌握会议的进展情况，了解与会人员的态度，会议在人、财、物等方面的问题和筹备实施状况。

2. 会中信息

在会议的召开过程中，通过召开联络员会议、阅读各种会议记录和会议简报，以及与与会人员座谈交流，及时捕捉会议过程中的动向，使会议的目标能够如期达成。

3. 会后传达落实的情况

会后对会议精神的传达和落实是会议工作产生实效的关键所在。可以通过座谈会、电话、问卷等形式对会议精神的落实情况进行全面的反馈，便于在此基础上进行修正。

二、会议信息的反馈方式

1. 口头反馈

口头反馈有团队反馈与一对一反馈。团队反馈，即一个人给大家提意见，反馈情况；一对一反馈，即一个人给另一个人反馈。

2. 书面反馈

反馈可以用书面形式，这样比较正式，反馈的内容也有据可查。

3. 会议反馈

会议反馈即采用反馈会、传达会、座谈会的形式，将会议的信息反馈给大家。

三、把握会议信息的反馈时机

1. 在会议工作进展顺利时反馈

在此时反馈，有利于鼓舞士气，营造良好的氛围，并可通过负面反馈信息，帮助组织者保持清醒的头脑。

2. 在会议工作出现问题时反馈

在此时反馈，可以帮助人们及时发现问题，及时解决问题，使各种漏洞能够及时得到补救。

3. 在会议工作处于停滞时反馈

这种反馈有助于帮助人们判断目前的状况，寻找会议工作下一阶段的突破口，发现会议组织过程中存在的隐患，及时制定预防措施。

四、选择会议信息的反馈形式

会议信息的反馈形式有正面指导反馈和负面指导反馈。

（1）正面指导反馈是积极的反馈，是一种正面的强化指导，即一般意义上的表扬。

（2）负面指导反馈是建设性反馈，是一种劝告指导，即一般意义上的批评。

可用会议反馈表收集与会人员的反馈意见。

会议反馈表样例

姓名		性别		出生年月	
工作单位				邮编	
联系地址					
电话			传真		
公司类型			公司性质		
您认为本次会议的亮点是什么?					
您对本次会议的评价:□很好 □良好 □普通 □逊色 □差					
您认为本次会议的日程安排:□很好 □良好 □普通 □有待改进 □差					
您认为需要改进的地方在哪里?					
您的整体满意度如何?					

五、反馈会议信息的要求

(1)会议的信息反馈要注意点面结合、正负反馈结合,不仅要看到成就,更要收集会议未能有效解决的问题和议而未决的事项。

(2)会议信息反馈的目的要明确,要看服务对象。

(3)充分重视会议的反馈信息沟通,正负反馈都要力求做到适时、适量、适度。

六、秘书应及时向领导反馈收集的意见和建议

(1)及时向领导反馈与会人员对会议内容的意见与建议,特别是一些带有重要动向性、倾向性、苗头性、政策性的意见,有利于领导了解与会人员的思想动态,这直接关系到会议决策是否能达成,关系到会后会议决策是否能及时、全面地得以贯彻实施。

(2)将与会人员提出的有关会务工作的问题,及时向负责会务工作的领导反馈,能解决的及时予以解决;对于不能解决的问题,及时和与会人员沟通,求得谅解。

巩固训练

浙江省××市职成教中心学校聘请华东师范大学徐教授带领专家团队,邀请企业专家来校对电子技术应用、外贸英语、汽车运用与维修、财务会计4个重点专业的工作任务与

职业能力做分析。假如你是学校办公室助理小陆，你将采用什么方法反馈会议信息、收集与会人员的意见和建议？

职业技能鉴定指导

一、知识技能要点

1. 知识要点：会议信息反馈的内容与要求
2. 技能要点：能够收集与会人员对会议的意见和建议

二、模拟训练

（一）单项选择题

1. 不属于会议信息反馈的内容是（　）。

A．会前信息　　B．会中信息
C．类似的会议信息　　D．会后传达落实的情况

2. 不属于会议信息的反馈方式是（　）。

A．口头反馈　　B．书面反馈　　C．会议反馈　　D．正反馈

3. 让每一位与会人员在离开会场时将需要上交的文件留在桌面或直接交给会议工作人员，这样收集到的会议信息反馈的内容是（　）。

A．会前信息　　B．会中信息
C．会后信息　　D．会后传达落实的情况

（二）多项选择题

1. 与会人员对会议的哪些意见和建议需要收集？（　　）

A．与会人员对会议议题的意见和建议　　B．与会人员对会务工作的意见和建议
C．与会人员对会议时间、地点的意见　　D．与会人员对会议食宿安排的意见和建议
E．与会人员对会中服务的评价

2. 反馈会议信息的要求有（　　）。

A．注意点面结合、正负反馈结合　　B．会议结束前及时收集
C．反馈目的要明确　　D．充分重视会议的反馈信息沟通

3. 可采用（　　）的形式，将会议的信息反馈给参加者。

A．反馈会　　B．传达会
C．座谈会　　D．问卷
E．讨论会

（三）判断题

1. 书面反馈比较正式，可保证反馈的内容有据可查。（　）
2. 要及时向领导反馈与会人员对会议内容的意见与建议。（　）
3. 正负反馈都要力求做到适时、适量、适度。（　）

4. 可通过召开座谈会向一些重要的与会人员了解其对会议内容方面的意见与评价。(　)

5. 会议信息的反馈形式有正面指导反馈和负面指导反馈。(　)

三、技能实训题

中国恒地集团有限公司在2014年末召开了企业管理制度改革座谈会。会上各个部门的职工代表就如何改革现有的企业管理制度纷纷献计献策。公司总经理在做会议总结之前，让秘书搜集会议各方面的信息资料。秘书从会议记录、会议简报和群众来信中摘辑了一些正反馈的信息，总经理对秘书的工作并不满意。你认为总经理还需要哪方面的反馈信息，并说明理由。

项目评价

项目实施评价表

评价项目	评价任务	评价关键点	满分	自评分	互评分	教师评分
信息管理	联系与接待媒体	能邀请媒体	6			
		能接待媒体	8			
		能对报道的信息进行监控	6			
	会议记录	能掌握会议记录的内容	5			
		能根据会议进行会议记录	15			
	印发会议简报	能掌握会议简报的格式	5			
		能根据会议编制会议简报	10			
		能印发会议简报	5			
	反馈会议信息	能确定会议信息反馈的内容	6			
		能采用不同的方式进行会议信息反馈	6			
		能向领导及时反馈自己收集的会议信息	8			
学习态度		学习态度端正、上课积极发言、能积极实践技能	10			
职业素养		项目参与度	3			
		项目中承担的工作和发挥的作用	3			
		沟通能力与团队协作精神	4			
		总　分	100			
		总　评				

注：总分65分为合格，75分为良好，85分及以上为优秀。

项目十 后勤服务

Project 10

项目概述

会议后勤服务是针对与会人员提供服务的各种后勤工作，包括安排合影、制作通信录、值班工作等。对于会期较长的会议来说，会议后勤服务是整个会务工作中十分重要的工作，是实现会议目标的重要保证。

本项目工作任务包括安排合影和制作通信录、安排值班。通过学习，我们将学会会议后勤服务工作的技能并掌握了相关知识。

学习目标

技能目标

1. 能合理安排会议合影
2. 能规范制作会议通信录
3. 能安排会议值班工作并正确填写值班日志

知识目标

1. 掌握组织会议合影的方法以及制作通信录的要领
2. 理解会议值班的职责和要求

任务一 安排合影和制作通信录

任务情境

大宇公司 2013 年度全国销售表彰大会要安排与会人员合影并制作通信录，公司办公室主任王浩把这个任务交给助理赵亮。赵亮该如何安排合影和制作通信录?

任务要求

1. 能合理安排合影
2. 能制作规范的会议通信录

任务实施

根据任务情境，按照下列步骤实施任务，并填写表格。

1. 合影

第一步	选择合影地点	理由
第二步	确定合影时间	理由
第三步	选择摄影机构	理由
第四步	提出合影排序，请领导审核	理由

2. 通信录

第一步	整理签到表	签到表和通信录的区别
第二步	制作通信录	排序的标准

相关知识

一、安排合影

区域性、全国性或世界性会议的与会人员来自不同地区或国家，大会主办方都会安排合影环节，一方面给与会人员留念，另一方面也可以作为会议资料保存。

1. 正确选择合影的时间和地点

合影的时间可选择在与会人员到齐，会议正式开始之前，开幕式之后或会议结束后。如果合影的照片要在会议结束时发给与会人员，合影时间应选择在会议正式开始之前。合影的地点一般可选择有大会会议标识或会议主办方所在地的大楼门口。

2. 选择摄影机构

摄影可由专业的摄影机构承担，事前签订服务协议，对摄影时间、器材、凳子、台阶、送照片时间、摄影的价格、支付方式做出约定。

3. 合影人员的排序

合影的排序原则和主席台座次的安排原则是一致的，遵循“中间高于两侧、左侧高于右侧，前排高于后排”的原则。具体而言，就是安排合影时要按与会人员的职务、级别以及身份来排序。一般是职务、身份较高者坐在第一排，主办方最高领导居中就座，职务、身份最高的与会人员坐在其左侧，职务、身份次之的与会人员坐在其右侧，其他人员也是遵循这个原则先左后右，从前往后排列。主办方的与会代表可站立在每一排的两边，显示对远道而来的参会嘉宾的尊重。

二、制作通信录

会议除了议事之外，还为与会人员提供了一个交流的平台。为了方便会后与会人员的联络，大会主办方通常还会为所有与会人员提供一份通信录。

通信录是根据会议签到表整理的，一般包括与会人员所在省市或地区、姓名、单位、联络方式等。这里也涉及与会人员的排序问题，建议按照与会人员所在省市归类排列，方便大家查找。

通信录可在会议结束时与合影照片一起发给与会人员。

巩固训练

浙江省 ×× 市职成教中心学校四个重点专业工作任务与职业能力分析会的会期是一天半。第一天是徐教授带领的团队与企业专家一起讨论分析各专业的工作领域、工作任务和所要求的职业能力，专业教师听会；第二天上午是专家团队与专业教师在第一天讨论的基础上，讨论课程体系，建设课程标准和专业教学标准。为了保存资料，利于专家、企业、教师沟通，学校决定为各专业与会人员各拍一张合影和制作一份通信录。

（1）请你确定拍照的时间和地点，并说明理由。

（2）请你模拟制作通信录。

职业技能鉴定指导

一、知识技能要点

1. 知识要点：合影人员的排序原则

2. 技能要点：能够安排集体合影

二、模拟训练

（一）单项选择题

1. 通信录中与会人员排序一般按所在（　）归类排列，方便大家查找。

A．职务　　B．职称　　C．电话号码　　D．省市

2. 合影的排序遵循（　）的原则。

A．中间高于两侧、左侧高于右侧，前排高于后排

B．中间高于两侧、右侧高于左侧，前排高于后排

C．中间高于两侧、左侧高于右侧，后排高于前排

D．中间高于两侧、右侧高于左侧，后排高于前排

3. 如果合影的照片要在会议结束时发给与会人员留做纪念，合影时间应选择在会议正式（　）。

A．开始之前　　B．会议的最后一天早晨

C．会议期间　　D．会议结束之后

（二）多项选择题

1. 合影的地点一般可选择（　　）。

A．有大会会议标识的地方

B．会议主办方所在地的大楼门口

C．宾馆大门口

D．会场

2. 通信录是根据会议签到表整理的，一般包括与会人员的（　　）等。

A．省市　　B．姓名　　C．单位

D．联络方式　　E．房间号

3. 合影的作用有（　　）。

A．方便与会人员留念　　B．可作为会议资料保存

C．增添会议气氛　　D．团结与会人员

（三）判断题

1. 通信录可在会议结束时与合影照片一起发给与会人员。(　)

2. 如果与会人员来自不同地区，大会主办方应安排合影的环节。(　)

3. 通信录是根据会议签到表整理的。(　)

4. 合影的排序原则和主席台座次的安排原则是一致的。(　)

5. 主办方的与会代表可站立在每一排的两边，显示对远道而来的参会嘉宾的尊重。(　)

三、技能实训题

1. 大地公司新近获得了省里授予的“百强企业”的荣誉称号，并为此召开了庆祝大会。大会结束后，与会人员拍照留念。秘书小张对合影的座次做了这样的安排：第一排最右边为董事长、然后依次为副董事长、总经理、副总经理，领导按职务的高低从右向左排列，后排是受表彰的人员。你认为小张的安排合适吗？请你帮助小张正确安排拍照的座次。

2. 神宇公司召开年度工作总结大会，参加会议的主要领导一共有8位，会后将合影留念。秘书小李是这样安排8位领导人合影的座次的：1号领导安排在居中位置的左边的座位上，2号领导安排在1号领导的右手边。主管经理看到后把秘书小李批评了一顿。你认为主管经理批评有道理吗？请你模拟安排合影的座次。

任务二 会议值班

Task 2

任务情境

大宇公司2013年度全国销售表彰大会召开时间是2013年12月25日—27日，共3天。12月25日全天报到；12月26日上午9:00—11:00表彰先进个人和先进集体，下午14:30—17:00部署2014年工作；12月27日上午9:00—11:00分组讨论，下午14:30—16:00参观新型、新款家电产品的生产线。参加会议人数约250人，受表彰员工为40人。会议地点在北京市海淀区颐和园路××号。会议由助理赵亮协助办公室王浩主任筹划，他们需要安排好会议期间相关的值班工作。

任务要求

1. 编制会议值班表和各类记录表
2. 做好值班记录

任务实施

根据任务情境，按照下列步骤实施任务，并填写表格。

第一步	模拟编制会议值班表	评价标准
第二步	创设情境，模拟编制会议值班记录表、电话记录表、接待登记表	评价标准

相关知识

一、会议值班工作的主要内容

会议值班，是指从与会人员报到当日开始到与会人员全部离会期间，实行24小时值班，工作人员需要及时沟通联系并解决各种可能出现的问题。会议值班工作的主要内容如下：

（1）电话、通知和传真的转达。

（2）来访接待。

（3）重要紧急事项的报告。

（4）突发性事务的处理。

（5）信息传递工作。

（6）领导临时交办事项的处理。

（7）安全工作。

二、安排会议值班的工作程序

1. 制定值班工作制度

（1）信息处理制度。保证信息传递快捷，重要信息要在第一时间向领导汇报。

（2）岗位责任制度。要求值班人员坚守岗位，做到人不离岗、岗不离人。

（3）交接班制度。会议值班要坚持在交接班时由前一班值班人员将所接收的信息及处理情况逐一交代给下一班值班人员，保证尚未处理完毕的事项得以彻底处理。

2. 明确值班工作任务

会议值班人员的主要工作任务如下：

（1）在会议中协助搜集有关文件和资料，传递各种信息。

（2）要加强对与会议无关人员出入会场的控制。

（3）要有公司和各部门领导的联络方式，以便出了问题能及时与之联络、请示。与领导进行会议情况沟通时要注意全面性，这也是与领导沟通的重要原则之一。

（4）要备有一份设备维修人员、车队调度人员和安排食宿等后勤服务部门主管人员的通信录。

（5）要坚守岗位，保证会议信息传递的畅通无阻。

（6）必要时，要负责督导和协助专职会议服务人员为与会人员做好各项具体的服务。

（7）做好会议期间各项活动与矛盾的协调工作。

（8）必要时，应建立主管领导带班制度。

3. 编制会议值班表

根据会议工作的需要，在不同的时间里需要不同的人进行同样的工作，这就要编排一个会议值班表，标明由谁在什么时间上班或休息。会议值班表应包括以下内容：

（1）会议值班日期及具体值班时间。

（2）会议值班人员姓名及联系方式。

（3）会议值班地点（需在会议须知上注明会议值班室的房间号）。

（4）会议值班负责人姓名或带班人姓名。

（5）用简明的文字写明值班期间的工作内容。

（6）必要时，写明人员缺勤的备用方案或替班人员的姓名。

××公司××会议值班表样例

值班日期及具体时间	值班人姓名及联系方式	值班地点	工作内容	负责人姓名及联系方式
12月20日 6：00—14：00				
12月20日 14：00—22：00				
12月20日—21日 22：00—6：00				
12月21日 6：00—14：00				
12月21日 14：00—22：00				
12月21日—22日 22：00—6：00				

说明：① 值班时间，请注意保持会议值班室的安静整洁；值班人员离开时应保证会议值班室整洁。
② 与会人员若有问题，欢迎前往会议值班室询问。
③ 请值班人员注意接待来访人员。

4. 编写会议值班记录

会议期间的值班记录包括值班电话记录、值班接待记录、值班日志。

（1）值班电话记录。记录来电时间、来电人员姓名、来电单位、来电内容、来电人员的联系方式等（见下表）。

值班电话记录表

来电时间	来电人员姓名	来电单位	来电内容	找寻对象	联系方式	处理结果	值班人签字

（2）值班接待记录。记录来访人员的姓名、单位、来访时间、来访事由、联系方式等（见下表）。

外来人员来访接待登记表

来访人员姓名	单位	来访时间	来访事由	访问对象	联系方式	处理结果	值班人签字

（3）值班日志。值班日志主要是对来电、来访、突发情况等进行认真登记，详细记录处理情况，以保证交接班时值班工作保持连续性（见下表）。

值班日志表

时间		值班领导		值班人员	
内容	来函、来电反映的情况 值班人签名：				
备注					

三、秘书值班工作的要求

（1）要坚守岗位，熟练掌握各项业务。

（2）要认真处理值班时的各项事务。

（3）要认真做好电话记录、接待记录，写好值班日志。

（4）要请示汇报，不可越俎代庖。

（5）要规范高效，不得推托扯皮。

巩固训练

浙江省 ×× 市职成教中心学校于 2014 年 9 月 6 日—7 日邀请了华东师范大学徐教授带领的专家团队到校做各专业工作任务与职业能力分析。为了保证工作不出差错，每天需要两位教师从早上 8：00 到下午 5：30 在接待现场。请你模拟编制一份会议值班表。

职业技能鉴定指导

一、知识技能要点

1. 知识要点：会议值班工作的内容与要求
2. 技能要点：能够安排会议值班工作

二、模拟训练

（一）单项选择题

1.（　）主要是对来电、来访、突发情况等进行认真登记，详细记录处理情况，以保证交接班时值班工作保持连续性。

A．值班日志　B．值班电话记录　C．交接班记录　D．值班接待记录

2. 为方便与会人员与会议主办方沟通，一般应将会议值班室的房号标在（　）。

A．会议议程上　B．会议须知上　C．会议通知上　D．会议简报上

3. 与领导进行会议情况沟通的重要原则之一是（　）。

A．复杂性　B．择优性　C．双向性　D．全面性

（二）多项选择题

1. 会议值班工作的主要内容是（　）。

A．电话、通知和传真的转达

B．来访接待

C．重要紧急事项的报告

D．突发性事务的处理

E．信息传递工作

2. 秘书值班工作的要求是（　）。

A．要坚守岗位

B．要认真处理值班时的电话、各项事务

C．要认真做好电话、接待记录，写好值班日志

D．要请示汇报

E．要规范高效

3. 会议值班表应包括（　）。

A．会议值班日期和具体值班时间

B．会议值班人员姓名及联系方式

C．会议值班地点（需在会议须知上注明会议值班室的房间号）

D．会议值班负责人姓名或带班人姓名

E．值班期间的工作内容（文字简明）

（三）判断题

1. 值班时，请注意保持会议值班室的安静整洁。（　）

2. 会议值班要坚持在交接班时由前一班值班人员将所接收的信息及处理情况逐一交代给下一班值班人员，保证尚未处理完毕的事项得以彻底处理。（　）

3. 值班工作要保证信息传递快捷，重要信息要在第一时间向领导汇报。(　)

4. 会议值班人员要坚守岗位，做到人不离岗、岗不离人。(　)

5. 会议值班，指从与会人员报到当日开始到与会人员全部离会期间，实行24小时值班，工作人员及时沟通联系并解决各种可能出现的问题。(　)

三、技能实训题

1. 假设你是神州公司的值班秘书，你在值班时，一个电话打入，一名访客到来，三封信件送到。请你设计并模拟填写值班日志。

2. 某制衣有限公司值班室接到仓库保管员的报告，成品库起火，火势较大，难以控制。假设你是值班秘书，你该怎样处理？

项目评价

项目实施评价表

评价项目	评价任务	评价关键点	满分	自评分	互评分	教师评分
后勤服务	安排合影和制作通信录	能正确选择合影地点和时间	10			
		能正确安排合影座次	10			
		能整理会议签到表	10			
		会制作通信录	10			
	安排值班	会编制会议值班表	15			
		会编制各类值班记录表	15			
		能填写值班日志	10			
学习态度		学习态度端正、上课积极发言、能积极实践技能	5			
职业素养		坚守岗位、任劳任怨	5			
		谦虚谨慎、恪尽职守	5			
		应急应变能力强	5			
总　分			100			
总　评						

注：总分65分为合格，75分为良好，85分及以上为优秀。

模块三 Module 3 会后落实

模块概述

会后落实工作主要包含安排与会人员返程，整理会场，收集、整理、清退会议文件资料等。会后落实工作是整个会务工作的重要组成部分，也是达到会议效果的关键。因此，做好会后落实工作是办公室秘书必须掌握的基本技能之一。

本模块以完成工作任务的方式，帮助学生学习秘书在会后落实工作中应该具备的基本知识，掌握会后落实的基本技能。

项目十一 返程工作与整理会场

Project 11

项目概述

安排与会人员返程，及时整理会场，是会后工作的基本内容，是办公室秘书会后服务工作必须掌握的基本技能之一。

本项目包括安排与会人员返程和整理会场两个工作任务。通过学习，我们将学会返程工作与整理会场的技能并掌握相关知识。

学习目标

技能目标

1. 能够合理安排与会人员的返程工作
2. 能够做好会场整理工作

知识目标

1. 掌握返程工作的服务要求
2. 掌握整理会场的注意事项

任务一 安排与会人员返程

Task 1

任务情境

大宇公司2013年度全国销售表彰大会即将结束，来自全国各地的与会人员将要返程。为了给与会人员留下良好的印象，办公室主任王浩要求助理赵亮妥善安排与会人员的返程工作。

任务要求

1. 提早做好与会人员车、船、机票的登记预订工作
2. 帮助与会人员提前安排返程事宜
3. 合理调配车辆，礼貌送客

任务实施

根据任务情境，按照下列步骤实施任务，并填写表格。

第一步	设计与会人员返程情况登记表	返程信息收集渠道
第二步	根据信息登记表，模拟预订车、船、机票	预订方法和渠道
第三步	模拟提前给与会人员分发返程票	注意事项
第四步	模拟提醒与会人员结清会务费	注意事项
第五步	模拟安排车辆送站	要求
第六步	模拟安排暂留人员	注意事项

相关知识

送别与会人员是会议结束阶段服务工作的重要环节。当会议结束后，秘书人员要抱着高度的责任心，细心、周到地做好每项返程工作，并要了解返程工作的服务程序、服务要求和注意事项。

一、返程工作的服务程序

（1）征询与会人员返程信息，在返程信息登记表中记录。

（2）根据返程信息登记表，预订车、船、机票。

（3）分发返程票。

（4）结清会务费用。

（5）安排车辆送站。

（6）安排暂留人员。

二、返程工作的服务要求

（1）提前登记与会人员返程所需车、船、飞机票信息，秘书安排票务预订需遵循“先远后近”的原则，并应及时将票分发给与会人员。

（2）对于重要宾客和不经常见面的远道而来的客人，秘书应建议和协助组织举行一定范围内的欢送会或送别宴会。

（3）调配车辆，分批送站。在会议即将结束时，秘书应编制与会人员离开的时间表，安排送行车辆，派人把与会人员送到车站、港口或机场，待他们乘坐的交通工具启程后送站人员再返回。如有必要，还应安排有关领导为与会人员送行。送站人员应保持热情的态度，使用礼貌的语言，做到周到细心、笑脸相送。

（4）结算与会人员的相关费用支出等，完整归还代为保管的物品。帮助与会人员及时与会务组结算费用，并帮助其办理付费事宜，开好收据发票。要坚持遵守财务管理制度，对于不符合开支规定的可以拒付。要及时、完整地归还代为保管的物品。

（5）妥善安排暂留人员。对于尚未离会，还需短时间留住的与会人员的食宿也应给予妥善安排。

三、返程工作的注意事项

（1）提醒与会人员及时归还向组织方或会议驻地单位借用的各种物品。

（2）提醒与会人员及时与会务组结算并办理付费事宜，开好发票。

（3）帮助与会人员检查、清退房间，避免其遗漏各种物品。

（4）准备袋子、绳子等物品，以备急需。

（5）帮助与会人员托运大件物品。

巩固训练

浙江省 ×× 市职成教中心学校各专业工作任务与职业能力分析会议即将结束，办公室陈主任让助理小陆落实与会人员的返程工作。小陆将会务服务人员分成四个小组，每组负责不同的企业一线技术人员。最后将各组的情况进行汇总后，小陆又将返程登记表认真加以核对。企业一线技术人员大多在当日开自己的车返程，个别企业专家没有车，但他们都需要回家，针对这种情况，小陆应怎样做好会议的返程工作？

职业技能鉴定指导

一、知识技能要点

1. 知识要点：返程工作的服务要求
2. 技能要点：能够安排与会人员返程

二、模拟训练

（一）单项选择题

1. 秘书安排返程票务需遵循（　）原则。

A．先远后近　B．先近后远　C．领导优先　D．一律平等

2. 返程工作的服务程序不包括（　）。

A．登记返程信息　B．订票，分发返程票

C．安排暂留人员　D．向与会人员调查会议反馈意见

3. 送站人员要（　）才能返回。

A．将与会人员送到车站后　B．将与会人员送上车后

C．在与会人员返程交通工具启程后　D．在与会人员乘坐的车子走远后

（二）多项选择题

1. 秘书人员要做好返程服务工作，要了解（　）。

A．返程工作的注意事项　B．返程工作的服务程序

C．返程的服务要求　D．送客的礼仪要求

2. 送站人员应（　）。

A．保持热情的态度　B．使用礼貌的语言

C．态度周到细心　D．对与会人员笑脸相送

3. 返程工作注意事项有（　）。

A．帮助与会人员托运大件物品

B．提醒与会人员及时归还向组织方或会议驻地单位借用的各种物品

C．提醒与会人员及时与会务组结算并办理付费事宜，开好发票

D．帮助与会人员检查、清退房间，避免其遗漏各种物品

E．准备装资料的塑料袋和捆东西的绳子等物品，以备急需

（三）判断题

1. 订票可以按照回执中的要求，不用再次征询与会人员意见。(　)

2. 对于短时间内需要暂住者，一定要妥善安排。(　)

3. 对于重要宾客和不经常见面的远道而来的客人，秘书应建议和协助组织举行一定范围内的欢送会或送别宴会。(　)

4. 秘书有责任提醒与会人员提前做好返程准备事宜，但不必去帮忙。(　)

5. 会务工作人员要坚持遵守财务管理制度，对于不符合开支规定的开支可以拒付。(　)

三、技能实训题

××公司邀请全国客户到云南大理参加新开发的××轿车制动系统洽谈订货会，办公室行政主管苏冰负责安排与会人员的返程工作。苏冰想先了解容易预订的近处预订者的车票，再慢慢解决哈尔滨、沈阳等远处难以预订的车票、机票，而且她认为，只要为大家预订火车硬卧票就行了。结果，部分会议代表因不能及时拿到车票、机票而对会议主办方××公司极为不满；有些会议代表拿到票后就要求换票或退票，结果闹得大家不欢而散。公司经理大汗淋漓，洽谈会工作成果也大打折扣。苏冰在预订车票的过程中存在哪些问题？如果你来办理这件事，你会怎么做？

任务二 整理会场

Task 2

任务情境

大宇公司2013年度全国销售表彰大会即将落下帷幕，办公室主任王浩要求助理赵亮做好会场清理工作。

任务要求

1. 清点、检查、整理、归还会场物品
2. 与会场管理人员做好交接工作

任务实施

根据任务情境，按照下列步骤实施任务，并填写表格。

第一步	清点、检查、整理会场物品	注意事项
第二步	归还会场物品并做好交接工作	注意事项
第三步	结算会议费用	费用结算方式

相关知识

一、会场清理的基本程序和要求

1. 清点、检查会场物品

清点、整理会场物品的顺序是先重要、后次要，先贵重、后一般，先整理涉密资料、后整理其他物品。会议结束后，一般先清点与会人员借用的物品，再查看会场租用设备，然后检查有无遗漏物品和文件。如有物品遗忘在会场，应及时与有关部门联系，尽快物归原主。

2．整理会场

若是内部会议，会务工作人员应整理临时放置在会议室的茶杯、桌椅、烟灰缸和其他用品。会议结束后回收会议室的茶具，使会议室恢复原貌。

若是借用会场，如果在会议结束后有宴会，秘书或工作人员要为与会人员做好向导；随后要清理会场，撤去会场布置的会标等宣传品，把会议上使用的幻灯片、影幕、电脑等物品收好。会议期间会产生大量的废弃纸张，这些纸张或是会议记录，或是会议资料，会议结束后会务工作人员要先收回所有应该收回的会议资料，将所有纸张进行整理、清点、归类，找出有用的会议资料，不能再利用的纸张要销毁。会议都有其保密性，会议结束后的剩余文件也要妥善处理，避免泄露公司的秘密。在清理文件时要对文件按密级进行分类并及时销毁保密文件，这是会后工作中最重要的一个环节，切不可麻痹大意。

3．归还会议租借的物品

会后要将租借的有关视听设备、器材及时归还给租借单位，将其及时放回原处或办理归还手续。归还前应检查是否完好，以免引起不必要的纠纷。

4．拿走指示牌和方向标识

在会议结束后，指示牌和方向标识失去了其存在的必要性，应及时拿走，恢复场地的原有模样，以便归还租借的场地。指示牌或一次性说明标识应予以销毁，对于可重复利用的应统计、归类、入库，以便下次使用。这样做有利于节约材料、资源，节省人力、物力。

5．与会场管理人员交接

会场清理完毕后，要与会场管理人员交接，且要双方都签字确认；同时提醒会场管理人员切断会场使用的电源，关闭会场。

6．结算会议开支费用

如果是内部会议，租用了花卉、设备或器材等应及时归还并结算费用；如果是外借的会场，应及时与会场出租方结清费用。

二、会场清理的注意事项

会议结束后，会务工作人员要引导与会人员有秩序地离开会场。在通常情况下，主席台上的领导离场后，与会人员再离场。如果会场有多条离场通道，主席台上的领导和与会人员可以分不同通道离场。大型会议散会后要引导车辆迅速离场。与会人员离开会场后，会务工作人员要组织相关人员有条理地收拾整理会场。

巩固训练

浙江省 ×× 市职成教中心学校各专业工作任务与职业能力分析会落下帷幕。会议结束后，与会人员陆续离开了会场，学校办公室陈主任要求助理小陆完成以下任务。

（1）清点回收各类会务用品，并把相关物品上交到学校办公室或信息中心。

（2）整理四个会场。

（3）归还租借的摄像设备。

职业技能鉴定指导

一、知识技能复习要点

1. 知识要点：无

2. 技能要点：能够整理会议室

二、模拟训练

（一）单项选择题

1. 在清理文件时，要对文件按密级进行分类并及时（　）保密文件。

A．销毁　　B．保存　　C．扔掉　　D．上交

2. 会议结束后，一般先清点（　）。

A．租用设备　　B．与会人员借用的物品

C．会议文件　　D．遗漏的物品和文件

3. 清理会议室宣传物品，应遵照（　）的原则。

A．节约物品、资源　　B．销毁　　C．变废为宝　　D．恢复原貌

（二）多项选择题

1. 清点、整理会场物品的顺序是（　）。

A．先重要、后次要　　B．先贵重、后一般

C．先整理涉密资料、后整理其他物品　　D．先检查设备，再清点物品

2. 一次性说明标识或指示牌可以重复利用的应（　）。

A．销毁　　B．统计　　C．归类　　D．入库

3. 若是内部会议，会务工作人员应整理好临时放置在会议室的（　）。

A．茶杯　　B．桌椅　　C．烟灰缸　　D．其他用品

（三）判断题

1. 会场交接后，一定要双方签字确认。（　）

2. 会务工作人员可以把无着落的物品自行处理。（　）

3. 检查中如丢失设备或器材，会议工作人员应及时向领导汇报丢失情况并协商处理。（　）

4. 整理会场基本程序为：清点、检查会场物品—归还会议所借物品—揭去会场标示物、拿走指示牌—保管遗留物品—与会议室管理人员交接。(　)

5. 在清理文件时，要对文件按密级进行分类并及时销毁。(　)

三、技能实训题

2013 年 12 月 18 日，A 公司与 B 公司在凯旋大酒店会议厅举行合作签约仪式。会议厅主席台的背景墙上布置着“A 公司与 B 公司合作签约仪式”的会标。主席台上有话筒、电脑、公司双方领导层人员的名签、鲜花、签约合同、签字笔、矿泉水等。主席台下的会议桌上有出席仪式的双方公司职员代表的名签。主席台下每个座位上均放有一份介绍双方公司情况的资料。酒店大厅及过道的签到桌摆放着本次签约仪式举行的通知及方向指示牌。

假如你是会务组工作人员，请你指出会议结束后应如何做好会场的清理工作。

项目评价

项目实施评价表

评价项目	评价关键点	配分	自评分	互评分	教师评分
安排与会人员返程	能设计与会人员返程信息登记表	10			
	能模拟预订车、船、机票	10			
	能模拟提前分发车、船、机票	10			
	能提醒与会人员结清费用	10			
	能模拟安排车辆接站	10			
	能模拟安排暂留人员	10			
整理会场	能检查、清点、整理会场物品	10			
	能归还会场物品、结算会议费用并做好交接工作	10			
学习态度	学习态度端正、上课积极发言、能积极实践技能	5			
职业素养	热情礼貌、周到细心	5			
	组织协调能力强、工作符合职业规范	5			
	做事谨慎、严守保密纪律	5			
总　分		100			
总　评					

注：总分65分为合格，75分为良好，85分及以上为优秀。

项目十二
收集、整理、清退会议文件资料

项目概述

会议结束后，秘书要做好会议文件资料的收集、整理、清退工作。

本项目任务包括收集、整理会议文件资料和清退会议文件资料。通过学习，我们将学会收集、整理、清退会议文件资料的技能并掌握相关知识。

学习目标

技能目标

1. 能做好会议文件资料的收集和整理工作
2. 能做好会议文件资料的清退工作

知识目标

1. 了解收集会议文件资料的范围和渠道
2. 掌握收集和整理会议文件资料的要求和工作程序
3. 掌握清退会议文件资料的基本要求

任务一 收集、整理会议文件资料

Task 1

任务情境

大宇公司2013年度全国销售表彰大会圆满结束。先进集体、优秀企业、先进工作者，主要在会前通过各企业提交名单、网络投票、评审会研讨等环节进行评选。为了保存会议文件资料，办公室主任王浩让助理赵亮做好会议文件资料的收集和整理工作。

任务要求

1. 确定会议文件资料的收集范围
2. 确定会议文件资料的收集对象
3. 掌握收集、整理文件资料的工作程序

任务实施

根据任务情境，按照下列步骤实施任务，并填写表格。

第一步	明确会议文件资料收集范围，制作会议文件资料收集目录	会议文件资料的收集要求
第二步	确定会议文件资料的收集对象	理由
第三步	做好会议文件资料的整理工作	注意事项

相关知识

一、会议文件资料收集的范围

（1）会前发放给与会人员使用的文件，包括指导性文件、审议表决性文件、宣传交流性文件、参考说明性文件、会务管理性文件。

（2）会议期间产生的文件，如决定、决议、议案、提案、会议记录、会议简报等。

（3）会后产生的文件，包括纪要、会议传达提纲、会议新闻报道等。

（4）会议通知、会议方案、与会人员信息、会议礼品单、节目单等资料也应收集归档，以供日后查阅。

二、会议文件资料收集的渠道

（1）向全体与会人员收集。

（2）向会议的领导人、召集人和发言人收集。

（3）向会议的有关工作人员收集，如会议的记录人员、文书起草人员等。

三、收集、整理会议文件资料的要求

（1）确定会议文件资料的收集范围。

（2）收集会议文件资料要及时，确保资料在与会人员离会之前收集齐全。

（3）选择会议文件资料收集的渠道，运用收集会议文件资料的不同方式方法。

（4）收集会议文件资料要履行严格的登记手续。

（5）收集整理过程中要注意保密。

四、收集、整理会议文件资料的工作程序

（1）将收集的会议文件资料进行登记。

（2）对会议文件资料进行甄别、整理、分类，去除不需要保留的文件。

（3）对筛选出来的会议文件资料进行排列，并编号、编目。

（4）填写会议文件资料归档表，并移交档案管理机构或部门。

（5）清理、销毁作废的会议文件资料。

巩固训练

浙江省××市职成教中心学校四个重点专业的工作任务与职业能力分析会已结束。会前，学校办公室陈主任已向各专业负责人发放了一些会议资料，会中又形成了会议记录，工作领域、工作任务和职业能力分析表等，会后还需要进一步完善纪要。学校办公室陈主任请助理小陆将这次会议的全部资料收齐并整理。

假如你是助理小陆，你怎样收集并整理会议资料？

职业技能鉴定指导

一、知识技能要点

1. 知识要点：会议文件资料收集、整理的要求
2. 技能要点：能够收集、整理会议文件资料

二、模拟训练

（一）单项选择题

1. 属于收集会议文件资料的要求的一项是（　）。

A. 确定收集内容　B. 确定收集人员　C. 确定是否归档　D. 确定收集范围

2. 下列属于会议参考性文件的是（　）。

A. 与会人员名单　B. 会议须知　C. 调查报告　D. 票证

3. 在收集整理会议文件资料过程中要注意（　）。

A. 保密　B. 安全　C. 尽量销毁　D. 全部保留

（二）多项选择题

1. 需要收集的会议期间产生的文件有（　）。

A. 通告　B. 开（闭）幕词　C. 议案　D. 会议记录

E. 会议简报

2. 会议文件资料收集的渠道有（　）。

A. 向全体与会人员收集文件

B. 向会议的领导人、召集人和发言人收集文件

C. 向会议记录人员收集文件

D. 向会议文书起草人员收集文件

E. 向会议的工作人员收集文件

3. 需要收集的会后产生的文件有（　）。

A. 会议记录　B. 纪要　C. 会议新闻报道

D. 决定　E. 会议方案

（三）判断题

1. 会议结束后，所有与会人员的文件资料都要收集归档。（　）

2. 纪要、新闻报道属于会议宣传性文件，也是会后产生的文件。（　）

3. 及时收集会议文件资料，确保文件资料在与会人员返程之前收集齐全。（　）

4. 无需对收集来的会议文件资料进行登记。（　）

5. 会议简报是会后产生的会议文件资料。（　）

三、技能实训题

钟苗近期筹备一个大型会议，经过充分准备，会议进行得很顺利。临近结束时，钟苗遇到了公司档案员李华，李华告诉她，这次会议很重要，影响较大，钟苗现在就应该将有关的会议信息和文件资料收集起来，免得日后不好存档。钟苗感谢李华的提醒，并向她请教需要收集哪些会议文件资料。假如你是李华，你认为哪些会议资料需要归档？

任务二 清退会议文件资料

任务情境

大宇公司 2013 年度全国销售表彰大会圆满结束。办公室主任王浩要求助理赵亮做好会议文件资料的清退工作。

任务要求

1. 结合会议内容列出需要清退的会议文件资料目录
2. 按文件清退顺序做好会议文件资料清退工作

任务实施

根据任务情境，按照下列步骤实施任务，并填写表格。

第一步	明确会议文件资料清退范围	注意事项
第二步	制作文件清退目录	要求
第三步	会议文件资料清退程序	清退方法

相关知识

一、会议文件资料的清退范围

（1）会议立项性文件，如召开会议的请示、批复等。

（2）会议审议表决性文件，如工作规划、计划、报告、预决算方案、行政法规及各项决议的草案等。

（3）会议期间使用的文件，如开幕词、闭幕词、领导人讲话稿、大会发言材料（包括典型经验介绍材料、专题报告）、会议总结报告等。

（4）会议参考说明性文件，如调查报告、可行性分析报告、统计报表、技术图纸或图表等。

（5）会议管理性文件，如会议通知、会议日程与议程安排表、会议须知、会议保密规定，会议主席团名单、委员会名单、与会人员名单，票证、签到簿等。

（6）会议记录、简报。

（7）会议宣传交流性文件，如宣传会议精神、主旨或决定事项的文件资料，会议的纪要、决议、新闻报道等。

（8）会议的照片、录音、录像等资料。

二、会议文件资料的清退程序

（1）向会议主席团或主持人汇报发文情况，提出清退文件资料建议。

（2）待主席团或会议主持人批准后，下发文件清退目录，并做好必要的解释工作。

（3）会议结束后进行清退，会议文件资料要逐份清点、登记，发现丢失的应查清原因，及时向领导报告。

三、会议文件资料的清退方法

1. 小型、内部会议文件资料清退的方法

（1）由会议主持人在宣布会议结束的同时，告知与会人员将文件放在桌上，由秘书统一收集。

（2）由秘书在会议室门口收集。

（3）由秘书单独向个别已领取文件而未到会的人员收集。

2. 大中型会议文件资料清退的方法

（1）提前发出文件清退目录，先由与会人员个人清理，再统一交给大会秘书处。

（2）正确选择收集会议文件的渠道，灵活运用收集文件的不同方法。

（3）对会议工作人员下发文件清退目录，限时交退。

四、清退会议文件资料的基本要求

会议文件资料需要清退的，应及时办理清退手续；如需要收回，应妥善处理。凡由秘书处、档案室或机要室分发的会议文件材料均需要清退，开具文件清退目录发给有关人员，限期清退。对于会议文件资料要加以核对清点，如发现文件资料丢失，必须及时查明原因和责任者，并如实向领导报告。

五、清退会议文件资料的注意事项

在清退会议文件资料时，秘书需要注意以下几点内容。

（1）统一印制清退文件目录。

（2）分清清退文件资料和非清退文件资料的范围。

（3）避免只要求部分与会人员退回会议文件资料而造成误会。

（4）清退会议文件资料，需要填写文件清退登记表，交接双方清点无误、签字后留存。

（5）会议文件资料清退、归档后，剩余的资料，经鉴别没有保存价值的要进行登记，

经分管领导批准后，由至少两名工作人员送到指定地点销毁。

巩固训练

浙江省××市职成教中心学校各专业工作任务与职业能力分析会结束后，学校办公室陈主任让助理小陆做好会议文件资料的清退工作。假如你是助理小陆，你将如何做好此次会议文件资料的清退工作？

职业技能鉴定指导

一、知识技能要点

1. 知识要点：清退会议文件资料的基本要求
2. 技能要点：能够清退会议文件资料

二、模拟训练

（一）单项选择题

1. 清退会议文件资料时首先应（　）。

A．办理清退手续　　B．确定清退文件资料的范围

C．整理清退文件资料　　D．填写文件清退登记表

2. 公司召开内部小型会议讨论企业规划，会后需将该讨论稿收回。可采取的方式是（　）。

A．由各部门处理

B．在会议室门前收集

C．在公司办公网上发布清退通知，限时交退

D．在会议结束时通知与会人员个人清理，再交给大会秘书处

3. 属于大中型会议文件资料的清退方法的一项是（　）。

A．请与会人员将文件放在桌上，由秘书统一搜集

B．由秘书在会议室门口搜集

C．由秘书单独向个别已领取文件而未到会的人员搜集

D．提前发出文件清退目录，先由与会人员个人清理，再统一交给大会秘书处

（二）多项选择题

1. 需要清退的会议参考说明性文件包括（　）。

A．调查报告　　B．统计报表　　C．可行性分析报告　　D．技术图纸或图表

2. 属于小型会议文件资料清退方法的选项是（　）

A．下发清退目录，限时交退

B．秘书在会议室门口收集

C．由秘书单独向个别已领取文件而未到会的人员收集

D．请与会人员将文件放在桌子上，由秘书统一收集

3. 属于应清退的会议文件资料是（　）。

A．会议立项性文件　　B．会议审议表决性文件

C．会议参考说明性文件　　D．会议管理性文件

E．会议宣传交流性文件

（三）判断题

1. 会议结束后，所有与会人员的会议文件资料都要清退。（　）

2. 会议文件资料清退工作需要会务工作人员在会后指定时间、方便的地点实施。（　）

3. 发现会议文件资料丢失，必须及时查明原因和责任者，并如实向领导报告。（　）

4. 清退会议文件资料，需要填写文件清退登记表，交接双方清点无误后即可存档。（　）

5. 会议文件资料清退、归档后，剩余的资料，经鉴别没有保存价值的要进行登记，经分管领导批准后，由至少两名工作人员送到指定地点销毁。（　）

三、技能实训题

某会议结束五天后，会议秘书处找到秘书张萌，询问会务组借阅的一份年终人事调整的文件为什么没有按时归还。张萌放下电话，翻查了所有的文件，却无论如何也找不到这份文件。张萌再打开自己的文件清退登记表，也是只有借阅记录而没有归还记录。张萌回忆了一下当时的情景，那几天自己事情较多，印象里是将所有的该归还的文件都交回了，这份人事调整文件到底是怎么回事却想不起来了。请你把会议文件资料清退工作的基本要求以邮件的形式发给张萌。

项目评价

项目实施评价表

评价项目	评价任务	评价关键点	满分	自评分	互评分	教师评分
收集、整理、清退会议文件资料	收集、整理会议文件资料	能确定会议文件资料的收集范围	20			
		能对会议文件资料进行收集和整理	20			
	清退会议文件资料	能掌握会议文件资料的清退方法	20			
		能掌握会议文件资料的清退程序	20			
学习态度		学习态度端正、上课积极发言、能积极实践技能	5			
职业素养		整理、分类、归纳能力好	5			
		沟通协调能力好	5			
		做事谨慎、严守保密纪律	5			
总　结			100			
总　评						

注：总分65分为合格，75分为良好，85分及以上为优秀。